101

Heróis da Bíblia

de Todd Cotton

ISBN-13: 9781090154071

Esta publicação é parte de uma série de produtos e publicações. Para mais informações por favor visite: **http://www.101bookclub.com**

"101 Book Club" é uma subsidiária da Top of the Nation Enterprises, Inc.

Dir. Autorais © 2016 Top of the Nation Enterprises, Inc.

Índice - Numérico

Índice - Alfabético

"Com o mais sincero e cordial protesto de estima, o 101 Book Club deseja manifestar seu apreço e agradecer ao Pastor Jim Clay, Walnut Grove, Missouri por seus diligentes esforços orações e pesquisa. Ele é verdadeiramente um abençoado estudioso da Bíblia que fez a maior parte do trabalho pesado na escrita deste livro. Para todos nós envolvidos neste projeto, o pastor Clay é um verdadeiro herói cheio de fé."

*"O respeito agradecido vai para
Claudio Pimentel
por seus esforços divinos na tradução deste texto."*

Introdução - "A História" é "A HISTÓRIA DELE".

Pode ser fácil partir do princípio de que um "Herói da Bíblia" é simplesmente alguém mencionado na Bíblia, porém isso depende de sua definição de herói. Para podermos entender o que são heróis da Bíblia, precisamos em primeiro lugar entender o que a Bíblia é. Do ponto de vista da história e da literatura, a Bíblia é uma biblioteca de livros que cobre milhares de anos de história e foi escrita por muitos autores diferentes de diversas culturas.

Isso é útil e interessante, mas existe mais por trás disso. A Bíblia é a Palavra de Deus: A revelação de Deus sobre quem Ele é e o que Ele fez. Este Autor Divino teceu uma linha por todo o Livro, a qual liga tudo harmonicamente: a História do Grande Herói.

O que é a História do Grande Herói da Bíblia?

A História é a redenção preparada por Deus para a humanidade pecaminosa e caída. O próprio Deus é o Herói, invisível aos olhos humanos até o Herói se tornar o Homem Jesus Cristo de Nazaré. Prometido nas primeiras páginas do Antigo Testamento[1] e revelado nas páginas do Novo Testamento, Jesus de Nazaré é *"...a imagem do Deus invisível, o primogênito de toda a criação;"*[2]

Para comprar a redenção da humanidade do pecado e da morte, o Homem-Deus, sem pecados, sofreu a nossa punição na cruz. Jesus não sacrificou-se apenas pelas pessoas que gostavam dele, mas por todas as pessoas sujeitas ao pecado, às quais a Bíblia chama de "inimigas" de Deus.[3] Em Romanos 5:7, o Apóstolo Paulo afirma que raramente alguém morreria por uma boa pessoa. A situação incomum acontece quando um herói se sacrifica por amigos ou entes queridos,

[1] A Nova Versão Internacional (Grand Rapids, MI: Zondervan, 2011), Gen 3:15.

[2] Col 1:15.

[3] Ro 5:10

Mas Deus demonstra o seu amor por nós: Cristo morreu em nosso favor quando ainda éramos pecadores.[4]

A Bíblia, a História Suprema, é a história de um Herói se entregando por outros que sequer entendem o porquê. Sendo assim, o Herói Supremo da História Suprema nos ensina a entender o que de fato vem a ser um herói: alguém que faz algo que ninguém mais faria ou poderia, para que assim outros pudessem se beneficiar e isso sem pensar em qualquer ganho pessoal.

Na Bíblia, a "História do Herói" primária é composta por muitas "histórias de heróis" menores. As Escrituras são uma coleção de histórias que são moldadas pela Grande História da redenção de Deus através de Jesus Cristo. Em outras palavras as "histórias dos heróis" menores não estão desconectadas umas das outras. Elas estão interligadas e são definidas pela história do Grande Herói.

Esses heróis de histórias menores representam pessoas reais vivendo e agindo dentro de nosso espaço-tempo. Essas personalidades são históricas e, porém, o mundo possa escarnecer da história bíblica, para pessoas de fé essas são as histórias mais heroicas do mundo.

Pode ser útil categorizar os heróis da Bíblia em quatro grupos:

1. <u>Personalidades que foram os INSTRUMENTOS heroicos de Deus.</u> Existem alguns heróis bíblicos incomuns que Deus usou em situações muito específicas.

2. <u>Personalidades com uma FÉ heroica.</u> A "Fé" é definida como "confiança ativa e crença exibidas através da obediência".[5] A própria Bíblia nos ensina que pessoas de

---

[4] Ro 5:8

[5] Barry, J. D., Heiser, M. S., Custis, M., Mangum, D., & Whitehead, M. M. (2012). *Faithlife Study Bible*. Bellingham, WA: Logos Bible Software.

fé são personalidades chave na história redentora de Deus. Hebreus 11 foi chamado de o "Salão da Fé." Ali estão listadas todas as pessoas da Bíblia que foram notáveis por sua fé em Deus. Os heróis bíblicos da FÉ eram geralmente pessoas simples dotadas de uma confiança extraordinária.

3. Personalidades com ATITUDES heroicas. Essas são as histórias mais conhecidas. Heróis de ATITUDE fizeram o necessário para salvar ou ajudar outros. A maioria desses heróis tinha alguns problemas sérios, mas suas ATITUDES os tornaram heroicos.

4. Personalidades com um CARÁTER heroico. Esta é a mais estreita de todas as categorias, com apenas alguns caindo nela. Claro que o mais importante de todos é o próprio Jesus Cristo, o qual com sua natureza heroica define todos os outros heróis para nós.

Alguns dos heróis da Bíblia podem se encaixar em mais de uma categoria, mas cada uma de suas histórias compõe a História do Grande Herói. Que esta jornada de Gênesis a Apocalipse com os heróis da Bíblia vos encha da graça, da paz e das maravilhas de Deus.

Abel - Um Herói da Fé

Gênesis 4:1-9, Hebreus 11:4

Abel foi o segundo filho nascido de Adão e Eva. A história dele é curta e trágica. Abel era pastor e boiadeiro. Seu irmão mais velho, Caim, plantava e colhia da terra. Os irmãos fizeram uma oferta a Deus; A oferta de Caim foi o fruto do solo, porém a oferta de Abel foi um animal primogênito.

Entretanto, o livro de Gênesis não diz especificamente por que o Senhor olhou com favor para Abel e sua oferta, enquanto a oferta de Caim não foi aceita.

Talvez seja simplesmente pelo fato de que Caim fez sua oferta por obrigação, enquanto Abel fez sua oferta por fé. Abel foi o primeiro herói da fé. O que quer que acontecesse com ele, Abel tinha uma sólida confiança em Deus. O próprio Jesus disse que Abel era "justo".[6] As Escrituras ensinam que *"o justo viverá pela fé."*[7]

Como vemos nas Escrituras, no entanto, aqueles com verdadeira fé em Deus são perseguidos e odiados. Deus confrontou o invejoso Caim e lembrou-lhe que o pecado é um mestre terrível, sempre ameaçando à porta. No entanto, Caim não era um homem de fé.

Caim conspirou e planejou matar Abel. Ele o convidou para sair para o campo, e lá, o justo Abel foi assassinado por seu próprio irmão.

A fé em Deus é mais heroica quando se está no fogo da perseguição.

---

[6] Mt 23:35

[7] Gl 3:11

1

Pela fé, Abel trouxe a Deus uma oferta melhor do que Caim. Pela fé ele foi elogiado como justo, quando Deus falou bem de suas ofertas. E pela fé, Abel ainda fala, mesmo estando morto.[8]

---

[8] Heb 11:4

Enoque - Um Herói da Fé

Gênesis 5:22-24, Hebreus 11:5, Judas 14

Pouco se sabe sobre Enoque, porém ele é mencionado no "Salão da Fé" em Hebreus 11. Enoque viveu centenas de anos e sete gerações depois de Adão. Nós sabemos três coisas sobre Enoque.

1. <u>Ele era um homem de fé.</u> Gênesis nos ensina que ele *"andou fielmente com Deus por 300 anos...."[9]* O que Enoque fez ou disse ou experimentou que o levou a ter tamanha confiança? Essa história não é contada, mas o resultado de sua vida fiel é conhecido.

2. <u>Ele foi "arrebatado" para estar com Deus antes de morrer.</u> *Pela fé Enoque foi arrebatado, de modo que não experimentou a morte; "ele já não foi encontrado porque Deus o havia arrebatado", pois antes de ser arrebatado recebeu testemunho de que tinha agradado a Deus.*[10] Como isso aconteceu? Novamente, a história não é contada. O fato importante sobre Enoque foi sua fé.

3. <u>Ele profetizou sobre o julgamento de Deus sobre os ímpios.</u> Enoque poderia ser considerado o primeiro profeta da Bíblia. O irmão do Senhor, Judas, cita um documento judaico escrito várias centenas de anos antes do tempo de Cristo chamado 1 Enoque.

E destes profetizou também Enoque, o sétimo depois de Adão, dizendo: "Eis que é vindo o Senhor com milhares de seus santos; Para fazer juízo contra todos e condenar dentre eles todos os ímpios, por todas as suas obras de impiedade, que impiamente cometeram, e por todas as duras palavras que ímpios pecadores disseram contra ele."[11]

---

[9] Gên 5:22

[10] Heb 11:5

de Todd Cotton

---

[11] Ju 14-15

Noé - Um Herói da Fé de Atitude

Gênesis 6 - 9, Hebreus 11:7

A história de Noé e da Arca é uma das mais conhecidas da Bíblia, mas raramente o foco é o próprio Noé. A história do julgamento do dilúvio é tão dramática que o humilde herói da fé e da obediência desaparece em segundo plano.

O seu bisavô Enoque deve ter transmitido a sua fidelidade para a sua descendência familiar, por que Noé era um homem justo, temente a Deus que vivia em tempos maus. Durante os dias de Noé, a violência e a perversidade da população da terra era tão extrema que Deus decidiu limpar o planeta.

À Noé, porém, o Senhor mostrou benevolência.[12] Deus instruiu o fiel Noé a construir uma arca: um abrigo flutuante, grande o suficiente para abrigar a família de Noé e um par de todo animal. Noé e seus filhos trabalharam durante muitos e longos anos para construir a arca de acordo com as exatas especificações de Deus. *Noé fez tudo exatamente como Deus lhe tinha ordenado.*[13]

Quando o dilúvio global começou, Noé e sua família se retiraram para a segurança do interior da arca para começar a sua espera, de um ano, até a devastação terminar.

Se você parar um momento para considerar o alcance da obediência de Noé, você perceberá o porquê de Noé estar na lista de heróis da Bíblia. Porém a história de Noé não é apenas sobre o que ele fez. Noé era um herói da fé. Ele ouviu a palavra de Deus e confiou nela. Ele acreditou que Deus julgaria o mundo, sendo assim ele agiu concordantemente. A Bíblia chama Noé de *"um pregador da justiça."*[14]

---

[12] Gên 6:8

[13] Gên 06:22

[14] 2 Pe 2:5

Pela fé Noé, quando avisado a respeito de coisas que ainda não se viam, movido por santo temor, construiu uma arca para salvar sua família. Por meio da fé ele condenou o mundo e tornou-se herdeiro da justiça que é segundo a fé.[15]

---

[15] Heb 11:7

Jó - Um Herói da Fé

O Livro de Jó, Tiago 5:11

Jó viveu nos tempos antigos, talvez na época de Abraão. O livro bíblico de Jó é colocado mais adiante na ordem dos livros do Antigo Testamento, mas Jó provavelmente viveu entre o tempo de Noé e Abraão.

Jó foi um homem justo e fiel. Ele era fabulosamente rico, pois Deus havia o abençoado. Ele tinha sete filhos e três filhas e ele fazia oferendas a Deus por eles. Em outras palavras, ele amava tanto seus filhos que buscava para eles o perdão de Deus.

Deus se gabou deste homem fiel ao anjo caído, Satanás.

Satanás desafiou Deus a testar Jó. Satanás disse que a fidelidade de Jó existia apenas por causa das bênçãos de Deus em sua vida. "Tire as bênçãos, e Jó vai amaldiçoar você", disse o acusador. Deus concordou em fazer isso, porém com limitações. Toda a riqueza de Jó foi varrida, seus filhos foram mortos e Jó foi deixado em luto. Jó proferiu as mais profundas palavras de fé ao se prostrar no chão em adoração:

Saí nu do ventre da minha mãe, e nu partirei. O Senhor o deu, o Senhor o levou; louvado seja o nome do Senhor".[16]

Jó não pecou atacando a Deus com raiva e frustração. Como um genuíno herói da fé, ele confiou em Deus.

Mais uma vez Deus se gabou de Jó ao Satanás. Desta vez o Satanás pediu a saúde de Jó e Deus a concedeu. Satanás causou ao pobre Jó feridas profundas e dolorosas das solas dos pés até o alto da cabeça.[17]

Porém mais uma vez, Jó confiou em Deus e não permitiu que a

[16] Jó 1:21

[17] Jó 2:7

sua devastação pessoal matasse sua fé. Os três amigos de Jó vieram visitá-lo e a maior parte do Livro de Jó contém a conversa deles.

Os amigos de Jó não podiam ver o que Deus estava fazendo. Eles achavam que Jó deveria ter algum pecado secreto, não confessado, pelo qual Deus o estava punindo. Eles nunca sonharam que a queda de Jó era o que Deus estava usando para magnificar a justiça de Jó.

Os amigos de Jó estavam confusos e distraídos enquanto falavam com ele, então Jó começou a reclamar de sua situação. Deus falou a Jó e com firmeza, mas confrontou Jó graciosamente. O homem humilde se arrependeu e sua fé foi restaurada.

No final, Deus restaurou em porção dupla tudo que Jó havia perdido. Deus nunca explicou a Jó por que ele teve que suportar toda aquela miséria, mas a fé de Jó é um lembrete de que Deus está no controle, e de que Seus caminhos são sempre bons.

Como vocês sabem, nós consideramos felizes aqueles que mostraram perseverança. Vocês ouviram falar sobre a paciência de Jó e viram o fim que o Senhor lhe proporcionou. O Senhor é cheio de compaixão e misericórdia.[18]

---

[18] Tg 5:11

Abraão - Um Herói da Fé de Atitude

Gênesis 12-24, Romanos 4, Hebreus 11:8-19

Abraão viveu cerca de dez gerações depois de Noé. Abraão foi o primeiro a receber a promessa de Deus de que sua linhagem familiar seria a fonte de bênção para o mundo inteiro. Através da descendência de Abraão toda a humanidade receberia os benefícios do perdão de Deus através de Jesus Cristo.

Deus chamou Abraão para viajar da antiga Caldéia (no atual Iraque) até Canaã, a terra do antigo Israel perto de Jerusalém. Em obediência fiel, Abraão deixou sua casa com sua esposa Sara e fez a viagem.

Abraão e Sara não tiveram filhos, no entanto. Sara era estéril e Abraão cogitou dar todas as suas posses para seu servo Eliezer, pois ambos já estavam bastante idosos.

E eis que veio a palavra do Senhor a ele dizendo: Este não será o teu herdeiro; mas aquele que de tuas entranhas sair, este será o teu herdeiro. Então o levou fora, e disse: Olha agora para os céus, e conta as estrelas, se as podes contar. E disse-lhe: Assim será a tua descendência.[19]

Abraão respondeu com fé e Deus considerou Abraão justo por causa de sua fé. Abraão percorreu um caminho sinuoso, longo e tortuoso até o dia em que este filho prometido nasceria. Mas a promessa de Deus foi cumprida quando Sara deu à luz a Isaque.

Deus testou a fé de Abraão; o Senhor instruiu Abraão a sacrificar Isaque, o filho da promessa. A obediência fiel de Abraão demonstrou sua confiança em Deus. Quando ele levou Isaque para ser sacrificado, Isaque notou a madeira e o fogo, mas se perguntou onde estava o cordeiro para o sacrifício.

Respondeu Abraão: "Deus mesmo há de prover o cordeiro para o

---

[19] Gên 15:4–5

holocausto, meu filho". E os dois continuaram a caminhar juntos.[20]

Quando Abraão levantou a faca para matar seu filho, o Anjo do Senhor o deteve, e Abraão viu um carneiro preso por seus chifres em um matagal.

A fé e a obediência de Abraão servem como uma imagem do que significa confiar em Deus. Abraão é usado como o exemplo de fé do Novo Testamento, mais que qualquer outro herói da Bíblia do Antigo Testamento.

Pela fé Abraão, quando Deus o pôs à prova, ofereceu Isaque como sacrifício. Aquele que havia recebido as promessas estava a ponto de sacrificar o seu único filho, embora Deus lhe tivesse dito: "Por meio de Isaque a sua descendência será considerada". Abraão levou em conta que Deus pode ressuscitar os mortos; e, figuradamente, recebeu Isaque de volta dentre os mortos.[21]

Sara - Uma Heroína da Fé

Gênesis 18:1-15, Gênesis 21:1-5, Hebreus 11:11, 1 Pedro 3:6

Sara era a esposa de Abraão, foi quem viajou com ele de sua terra natal para Canaã. O mundo antigo tinha uma cultura muito

[20] Gên 22:8

[21] Heb 11:17-19

diferente da que conhecemos hoje, e as mulheres eram frequentemente pouco mais que escravas.

À Abraão foi dada a promessa de que através de seus descendentes, todas as nações seriam abençoadas, mas essa linhagem tinha que ter uma mãe. Então Deus escolheu a mãe menos provável de todas, uma mulher de 90 anos de idade que era estéril. Ser uma mulher estéril no mundo antigo tinha seu próprio conjunto de desvantagens, pois ter filhos era a coroa e a glória de uma esposa.

Abraão já havia recebido a promessa, mas o Senhor apareceu a ele novamente com uma promessa mais específica: *Então disse o Senhor: "Voltarei a você na primavera, e Sara, sua mulher, terá um filho".* [22]

Sara estava na tenda atrás deles ouvindo e quando ouviu isso, riu-se. Ela pensou, "Isso é loucura. Eu, uma velhinha, tendo um bebê?" Deus perguntou, "Por que Sara riu?" Sara pensou que estaria em uma enrascada então ela mentiu e disse que não riu, mas Deus respondeu: "Sim, você riu."

Não foi uma repreensão severa, mas Deus lembrou tanto a Abraão quanto a Sara que a palavra de promessa de Deus era inquebrável, faça sentido ou não. Eles chamaram a criança de Isaac, o que significa riso.

E Sara disse: "Deus me encheu de riso, e todos os que souberem disso rirão comigo". [23]

Por que Sara foi uma heroína da fé?

Pela fé, Abraão — e também a própria Sara, apesar de estéril e avançada em idade — recebeu poder para gerar um filho, porque considerou fiel aquele que lhe havia feito a promessa. [24]

---

[22] Gên 18:10

[23] Gên 21:6

O Servo de Abraão - Um Herói da Fé de Atitude

Gênesis 24

Embora o servo de Abraão não seja mencionado em Gênesis 24, é possível que este servo seja Eliezer, a quem Abraão considerou dar sua herança antes da promessa de Deus a respeito de Isaque.

---

[24] Heb 11:11

Abraão deu a este homem uma tarefa altamente importante: achar uma esposa para Isaque, o filho da promessa. No mundo antigo, a esposa era "comprada" de alguma forma pela doação de um dote, e muitas vezes a esposa era obtida apenas como uma transação entre os homens. Mas Abraão queria que seu servo fosse encontrar de sua própria família uma esposa disposta para Isaque.

Visto que Deus havia prometido que a terra de Canaã seria a herança de Isaque, a esposa de Isaque tinha que estar disposta a vir a Canaã. Abraão confiou na promessa de Deus tão fervorosamente, ele disse ao seu servo,

"O Senhor, o Deus dos céus, que me tirou da casa de meu pai e de minha terra natal e que me prometeu sob juramento que à minha descendência daria esta terra, enviará o seu anjo adiante de você para que de lá traga uma mulher para meu filho.[25]

Essa fé foi passada para este servo fiel. Quando ele chegou na terra da família de Abraão, ele descansou perto da fonte da comunidade. Ele orou para que, se pedisse a uma moça que lhe desse de beber da fonte, essa mulher também oferecesse água para seus camelos. Então ele saberia que esta era a mulher que Deus escolheu como esposa para Isaque.

Antes de terminar de orar, Rebeca chegou à fonte e fez exatamente como o servo orou. Ele deu-lhe ricos presentes e conheceu sua família, apresentando o dote de Abraão. Este servo era tanto fiel quanto obediente.

Deus o abençoou ajudando-o a encontrar a mulher que Deus escolheu para Isaque. O servo disse,

...e curvei-me em adoração ao Senhor Bendisse ao Senhor, o Deus do meu senhor Abraão, que me guiou pelo caminho certo para buscar para o filho dele a neta do irmão do meu senhor.[26]

---

[25] Gên 24:6-7

13

Rebeca - Uma Heroína da Fé

Gênesis 24-27

A história de Rebeca começa exatamente onde a história do servo de Abraão termina. Abraão disse ao seu servo que se a mulher que ele encontrou não estivesse disposta a voltar para Canaã para ser a esposa de Isaque, então o servo seria libertado de seu juramento.

O servo encontrou Rebeca e seu pai parecia disposto a receber tais presentes extravagantes de Abraão, mas Rebeca ainda tinha que estar disposta a deixar sua família e se casar com um homem que ela nunca havia conhecido. O irmão de Rebeca, Labão, era um homem traiçoeiro e astuto, que representava a família de Rebeca nas negociações.

Quando o servo de Abraão disse que era hora de levar Rebeca de volta a Isaque, Labão queria que ela ficasse por mais dez dias. O servo de Abraão não estava de acordo com isso, então Labão se virou para perguntar a Rebeca o que ela pensava. Labão perguntou a ela, "Você quer ir com este homem?"

A resposta de Rebeca repleta de fé foi simplesmente, *"Sim, quero."*[27] Ela se tornou a esposa amorosa de Isaque, um casamento que nasceu simplesmente da fé em Deus.

A fé de Rebeca foi o combustível de seu relacionamento com Isaque do começo ao fim.

Quando Rebeca engravidou, os gêmeos em seu ventre lutaram um contra o outro. Quando Rebeca perguntou a respeito disto ao Senhor, o Senhor lhe disse, *"o mais velho servirá ao mais novo."*[28]

---

[26] Gên 24:48

[27] Gên 24:57-58

[28] Gên 25:23

Esaú nasceu primeiro, Jacó veio depois. Acreditando que Jacó deveria receber a promessa de Deus e a herança de Isaque, ela ajudou Jacó a enganar Isaque, que planejava dar a bênção a Esaú. Quando Jacó temia ser descoberto por Isaque e ser amaldiçoado em vez de abençoado,

Rebeca disse a ele: *"Caia sobre mim a maldição, meu filho."*[29]

---

[29] Gên 27:13

de Todd Cotton

Isaque - Um Herói da Fé

Gênesis 25:19 - 35:28, Hebreus 11:20

Isaque foi o filho prometido de Abraão e Sara. Isaque era o filho por quem a promessa de Deus de redimir o mundo continuaria. Isaque casou-se com Rebeca, que teve filhos gêmeos, Esaú e Jacó. Gênesis destaca o fato de que Esaú nasceu primeiro, mas Jacó disputou a posição de receber a herança de Abraão e sua bênção de Deus.

Quando Isaque ficou mais velho, chegou a hora de ele abençoar seu primogênito e conceder sua herança. Como Deus deu a Isaac a mesma promessa que ele deu a Abraão, essa bênção era algo muito sério. Esaú não parecia ter muita fé ou obediência, mas Jacó procurou com atenção a bênção de Deus.

Isaque daria a bênção e herança a Esaú, mas Rebeca sabia que a bênção deveria ir para Jacó. Os olhos de Isaque eram velhos e fracos, então Rebeca ajudou Jacó a enganar Isaque. Ela vestiu Jacó com as roupas de Esaú e cobriu os braços de Jacó com peles de cabra peludas.

Isaque achou que Esaú estava lá para receber a bênção, mas era Jacó. Isaque deu sua herança a Jacó, com fé, acreditando que ele estava abençoando Esaú. Quando Isaque descobriu que ele havia sido enganado, ele abençoou Esaú, mas não foi uma bênção com sua herança.

Isso pode parecer uma história insignificante, mas é crucial para a História do Grande Herói. A promessa de Deus foi realizada através da linhagem de Jacó, não de Esaú. É fácil imaginar que como Isaque foi enganado, a benção que ele dera a Jacó não deveria ter sido válida.

Porém a providência de Deus funciona de maneiras que nós não entendemos. Ele usa até travessuras humanas perversas e complicadas para trazer à luz o Seu propósito. Isaque foi um homem de fé, sendo assim ele é um herói da fé.

Pela fé Isaque abençoou Jacó e Esaú, no tocante às coisas futuras.[30]

---

[30] Heb 11:20

Jacó - Um Herói da Fé

Gênesis 25:19 - 35:15, Hebreus 11:21

Jacó, por bem ou por mal, recebeu a promessa de Deus (primeiro feita a Abraão, depois a Isaque) de que todas as nações da terra seriam abençoadas por meio de sua família. Como recebedor da promessa, ele também precisava de uma esposa da qual as crianças pudessem nascer para que a promessa se cumprisse.

Isaque enviou ele de volta à família de seu tio Labão para que encontrasse uma esposa. No caminho, Deus apareceu a Jacó em um sonho e confirmou a mesma promessa feita a Abraão e Isaque: Deus abençoaria todas as pessoas da terra através de seus descendentes. Isso teria sido uma boa notícia para Jacó, pois ele estava procurando por uma esposa, mas ele não podia imaginar as dificuldades que estavam à sua frente. Quando Jacó chegou e viu a filha de Labão, Raquel, ele sabia que ela era a esposa certa para ele. Jacó concordou em trabalhar para Labão por sete anos em troca da mão de Raquel em casamento.

Mas o complicado Labão trocou Raquel por sua irmã, Lea, na noite de núpcias. Jacó teve que trabalhar mais sete anos para poder se casar com Raquel. Então assim começou um tempo longo e caótico de esposas disputando a atenção de Jacó. Por fim, Jacó teve doze filhos e uma filha.

A vida de Jacó era cheia de dificuldades e labor. Ele fugiu da casa de Labão e voltou para Canaã, e lá foi confrontado e perdoado por Esaú por enganar seu pai a respeito da herança.

A vida de Jacó tinha sido uma luta após a outra, cada uma suportada através de sua fé nas promessas de Deus. Quando Jacó se preparava para encontrar-se com Esaú, ele lutou com um "homem" que várias vezes as Escrituras chamam de "Deus". Jacó implorou a esse "homem" que o abençoasse. Finalmente o "homem" disse

"Seu nome não será mais Jacó, mas sim Israel, porque você lutou com Deus e com homens e venceu".[31]

No final de sua longa vida de fé, Jacó (Israel) viu seus doze filhos se unirem e formarem uma nação unida enquanto eram forçados a irem juntos para o Egito. O filho favorito de Jacó, José, foi vendido como escravo por seus irmãos, mas depois subiu ao poder no Egito para salvar sua família da fome.

Embora Jacó tenha lutado continuamente, sua fé em Deus nunca vacilou. No Egito, vendo os filhos de seu filho José, Jacó teve a expectativa de que o prometido por Deus se cumprisse através de sua linhagem familiar.

Pela fé Jacó, à beira da morte, abençoou cada um dos filhos de José e adorou a Deus, apoiado na extremidade do seu bordão.[32]

---

[31] Gên 32:28

[32] Heb 11:21

José - Um Herói da Fé de Atitude

Gênesis 37 - 50, Hebreus 11:22

José foi o décimo primeiro filho nascido de Jacó (Israel). Ele nasceu de Raquel, a esposa que Jacó tinha originalmente amado e pediu em casamento, e assim José era o favorito de Jacó. Jacó fez um belo manto para José como presente, o que deixou seus dez irmãos mais velhos com inveja.

Aos 17 anos de idade, José teve sonhos sobre sua família, no qual ela se curvava em submissão a ele. Isso deixou seus irmãos ainda com mais inveja. Eles venderam José a comerciantes de escravos e enganaram seu pai, Jacó, fazendo-o pensar que José havia sido morto por um animal.

José era um homem com grande fé e integridade. Ele foi vendido no Egito como escravo a um homem chamado Potifar. A esposa de Potifar se interessou por José, porém José fugiu dela. O problema que ela causou para ele resultou na prisão de José.

Deus o abençoou até mesmo na prisão e ele interpretou sonhos para os chefes dos copeiros e dos padeiros do rei. Os sonhos eram profecias sobre o futuro: ambos aconteceram como José os interpretou.

Dois anos depois, o faraó, rei do Egito, também teve sonhos. Faraó ficou perplexo com os sonhos e nenhum de seus sábios pôde interpretá-los. O copeiro do rei lembrou-se de José na prisão, que foi então levado perante o faraó.

José explicou que os sonhos eram profecias sobre o futuro. Deus traria sete anos de abundância, seguidos por sete anos de fome. José aconselhou o rei a organizar o armazenamento de alimentos durante sete anos, para que a nação não morresse de fome durante o período da fome.

Faraó ficou tão impressionado que fez de José um governante do Egito, encarregado do programa de armazenamento de alimentos. José foi abençoado com prestígio e poder no Egito. Sete anos depois, exatamente como José predisse, a fome chegou e José supervisionou a distribuição de alimentos.

Os irmãos de José e seu Pai Jacó (Israel), vivendo em Canaã durante a fome, ouviram que comida podia ser encontrada no Egito. Os irmãos viajaram para o Egito e se viram diante de um estranho e severo governante do Egito - o próprio irmão que haviam vendido como escravo vinte anos antes.

Eles não reconheceram seu irmão, mas José os conhecia. Após uma série de testes, José se revelou e perdoou seus irmãos. Os irmãos trouxeram seu Pai Jacó (Israel) e todo o clã para viver no Egito com José.

Depois que Jacó morreu, os irmãos se perguntaram se José agora iria se vingar.

Mas José lhes disse: Não temais; porventura estou eu em lugar de Deus? Vós bem intentastes mal contra mim; porém Deus o intentou para bem, para fazer como se vê neste dia, para conservar muita gente com vida.[33]

Pela fé, José sabia que viver no Egito não era o fim da história para os filhos de Israel. Ele sabia que Deus havia prometido a Abraão, Isaque e Jacó uma herança na terra de Canaã. Ele sabia que chegaria a hora em que essa nação recém-formada deixaria o Egito e voltaria para a Terra Prometida.

Antes de sua morte, José disse aos israelitas que levassem seu corpo decomposto de volta à Terra Prometida quando eles partissem. Pela fé, José viu o que seria visto em 400 anos.

---

[33] Gên 50:19-20

Pela fé José, no fim da vida, fez menção do êxodo dos israelitas do Egito e deu instruções acerca dos seus próprios ossos.[34]

---

[34] Heb 11:22

O Anjo do Senhor - Um Herói de Atitude e Caráter

Várias passagens do velho testamento

O Anjo do Senhor é uma personalidade que entra e sai das páginas do Antigo Testamento. Ele apareceu a Abraão, Agar, Jacó, Moisés, Balaão, Josué, Gideão, Davi, Elias e Daniel, entre outros. É difícil determinar exatamente quem é esse "Anjo do Senhor".

Um anjo é geralmente conhecido como um servo ou mensageiro de Deus, mas o Anjo do Senhor não é um servo comum. Às vezes, esse "Anjo" é menos como um mensageiro de Deus e mais como o próprio Deus.

Por exemplo, em Êxodo 3, a Escritura diz que o Anjo do Senhor apareceu a Moisés na sarça ardente, mas dois versículos depois, lemos que Deus falou a Moisés do arbusto. O Anjo do Senhor apareceu para Elias, depois a Escritura diz que Deus falou com ele.[35]

Há outras ocasiões nas quais um ser celestial apareceu como um "homem" e então é identificado como o próprio Deus. Jacó lutou com um "homem", mas disse ter visto "Deus".[36] Josué encontrou um "homem" com uma espada em punho que lhe disse para remover as sandálias, pois estaria em solo sagrado. A Escritura diz, "o Senhor" falou com Josué.[37]

Então, isso é uma "pessoa" um "anjo" ou talvez algo diferente? Claramente, como nesses exemplos, as linhas que separam o "Anjo do Senhor" e o próprio Senhor são bastante embaçadas.

---

[35] 1 Rs 19:7–18

[36] Gên 32:22-30

[37] Jos 5:13–6:4

Alguns sugerem que o Anjo do Senhor é Deus Filho antes de nascer como um bebê humano para Maria, aparecendo e agindo na história humana.

Já que a História do Grande Herói da Bíblia é Deus redimindo a humanidade através da pessoa de Jesus Cristo, faz todo sentido pensar dessa maneira sobre o Anjo do Senhor.

E isso significaria que o Anjo do Senhor deveria ser considerado um Herói da Bíblia.

O anjo do Senhor é sentinela ao redor daqueles que o temem, e os livra.[38]

---

[38] Sal 34:7

Sifrá e Puá, Parteiras de Israel - Heroínas da Fé de Atitude

Êxodo 1:15-22

Sifrá e Puá representam o começo de um novo capítulo na História do Grande Herói da Bíblia. Os doze filhos de Jacó finalmente formaram uma nação separada sob a proteção e liderança seguras de José no Egito. Várias centenas de anos depois, um novo faraó ascendeu ao poder no Egito, o qual temia o grande aumento do número dos descendentes de Jacó. O faraó buscou uma maneira de combater seu crescimento e a ameaça que representavam para seu poder.

Dois elementos do programa egípcio de "limpeza étnica" foram implementados. Primeiro, eles escravizaram o povo hebreu. Em segundo lugar, eles pretendiam matar todos os bebês hebreus do sexo masculino que viriam a nascer.

Sifrá e Puá eram parteiras hebreias que ajudavam tanto mulheres hebreias como egípcias durante o ato de dar à luz. O faraó, rei do Egito, disse às parteiras que matassem os meninos quando as mulheres hebreias dessem à luz. Entretanto, elas deveriam deixar as meninas viverem.

Todavia, as parteiras temeram a Deus e não obedeceram às ordens do rei do Egito; deixaram viver os meninos.[39]

Responderam as parteiras do faraó: "As mulheres hebreias não são como as egípcias. São cheias de vigor e dão à luz antes de chegarem as parteiras".[40]

Só Deus sabe quantos bebês foram salvos da morte pela corajosa fé de Sifrá e Puá. Elas temiam mais a Deus do que temiam o rei do Egito.

~~Elas não eram perfeitas. Elas~~ mentiram para manter-se longe de

[39] Êx 1:17

[40] Êx 01:19

problemas, mas sua fé em Deus e sua ação para salvar os bebês as transformaram em algumas das mulheres mais heroicas da Bíblia.

Deus foi bondoso com as parteiras; e o povo ia se tornando ainda mais numeroso, cada vez mais forte. Visto que as parteiras temeram a Deus, ele concedeu-lhes que tivessem suas próprias famílias.[41]

---

[41] Êx 1:20–21

Anrão e Joquebede, os Pais de Moisés - Heróis da Fé de Atitude

Êxodo 2:1-3, Êxodo 6:20, Hebreus 11:23

Os hebreus se multiplicaram ainda mais, e assim o programa de "limpeza étnica" dos egípcios se intensificou. Faraó ordenou que os meninos hebreus deviam ser afogados no rio Nilo. Anrão e sua esposa Joquebede viram que o bebê deles era uma criança "boa". Isso provavelmente significa que eles acharam que seu bebê era mais que fofo. Esta é a mesma palavra hebraica que Deus usou nos dias da criação quando Ele disse que tudo o que Ele fez era "bom".

Com outras palavras, Anrão e Joquebede tinham fé na bondade criativa e redentora de Deus e eles viram corretamente seu filho como uma expressão dessa bondade.

Eles não pretendiam jogar fora essa bondade de Deus; eles pretendiam protegê-la e mantê-la. Eles conseguiram esconder o bebê por três meses, mas chegou um momento no qual a criança não podia mais ser escondida.

Mais uma vez, voltando à linguagem do livro de Gênesis, a mãe do bebê fez uma cesta de papiro. A palavra hebraica usada é a mesma palavra usada para a "Arca" que Noé construiu. Assim como o Livro de Gênesis registrou a criação do mundo, destacando a Arca de Noé como o meio que trouxe salvação, assim também o Livro do Êxodo é o relato sobre a "criação" da Nação de Israel por Deus, começando com a Arca de Moisés.

Eles não o lançaram no Nilo; eles construíram uma Arca de Segurança para seu precioso bebê. Está simples cesta o levaria até a filha do faraó, que o tirou da água e o chamou de Moisés.

Somente Deus, em Sua sábia providência, usaria heróis tão humildes e fiéis para realizar seus propósitos na história.

Pela fé Moisés, já nascido, foi escondido três meses por seus pais, porque viram que era um menino formoso; e não temeram o mandamento do rei.[42]

---

[42] Heb 11:23

Moisés - Um Herói da Fé de Atitude

Êxodo, Números, Deuteronômio, Hebreus 11:24-28

Após seu humilde começo e um caminho difícil até a liderança, Moisés tornou-se o líder designado por Deus e o libertador de seu povo, os israelitas.

Moisés rejeitou os privilégios de crescer como uma realeza egípcia e depois de assassinar um egípcio por espancar um escravo, fugiu para viver uma vida solitária no deserto. Enquanto estava lá, Deus chamou Moisés de uma sarça ardente e enviou-o ao faraó com exigências de que o faraó deixasse o povo de Deus ir embora. Moisés estava assustado e inseguro, porém obediente.

Moisés apresentou as exigências de Deus ao Faraó e entregou as pragas de Deus ao Egito para mostrar ao Faraó o poder de Deus. Finalmente, os israelitas foram libertados da escravidão após a décima praga: a morte dos primogênitos do Egito. Moisés instruiu os israelitas a pintarem o sangue de um cordeiro nas ombreiras das portas, para que o anjo da morte pulasse suas casas.

Pela fé celebrou a páscoa e a aspersão do sangue, para que o destruidor dos primogênitos lhes não tocasse.[43]

Esse evento de "Páscoa" serviria como um prenúncio do sacrifício de Cristo na cruz. A história do pequeno herói Moisés, aponta para a História do Grande Herói Jesus Cristo.

Depois que os israelitas saíram do Egito, Moisés, o Libertador, tornou-se Moisés o Legislador. Deus deu a Moisés leis e mandamentos para a Nação de Israel seguir. Se Israel obedecesse a eles, seriam abençoados. Se desobedecessem seriam amaldiçoados.[44]

---

[43] Heb 11:28

[44] De 30:11-20

Mas Moisés foi ainda mais que isso. O papel de Legislador de Moisés fez dele o líder Moisés. Moisés conduziu os israelitas pelo deserto até a terra de Canaã: a terra prometida a Abraão, Isaque e Jacó. Os israelitas se rebelaram, reclamaram e murmuraram, mas Moisés os conduziu por tudo. Mais de uma vez, Deus os julgou por sua teimosa rebelião, mas Moisés foi quem intercedeu por eles.

Moisés era muitas coisas, mas talvez seu papel mais importante foi ser Moisés, o Mediador. Ele ficou entre Deus e Israel, muitas vezes correndo risco de perder sua própria vida. Depois de mais uma rebelião israelita contra Deus e a liderança de Moisés, Deus disse a Moisés que Ele iria destruir os israelitas. Deus disse, *"Levantai-vos do meio desta congregação, e a consumirei num momento;"[45]*

Em vez de fugir, a fé ousada de Moisés na bondade de Deus levou-o a interceder pela Nação de Israel. Moisés instruiu o Sumo Sacerdote Aarão a fazer expiação pelo povo. *E estava em pé entre os mortos e os vivos; e cessou a praga.[46]*

Moisés, o herói, arriscou sua vida mais de uma vez por seu povo.

Pela fé Moisés, sendo já grande, recusou ser chamado filho da filha de Faraó, Escolhendo antes ser maltratado com o povo de Deus, do que por um pouco de tempo ter o gozo do pecado; Tendo por maiores riquezas o vitupério de Cristo do que os tesouros do Egito; porque tinha em vista a recompensa.[47]

Zípora, A Esposa de Moisés - Uma Heroína de Atitude

Êxodo 4:24-25

~~Zípora não é geralmente~~ considerada na lista de heróis da Bíblia,

[45] Núm 16:45

[46] Núm 16:48

[47] Heb 11:24-26

mas ela se tornou mediadora entre Deus e seu marido, Moisés, o Mediador.

É uma daquelas histórias da Bíblia que vai deixar você com mais perguntas do que respostas, mas esse é muitas vezes o caminho da Bíblia. Só porque não entendemos todo o significado de uma história da Bíblia, no entanto, isso não altera os fatos históricos. As pessoas às vezes tentam excluir a Deus através de argumentos e em consequência fracassam miseravelmente.

Zípora era a esposa de Moisés, e ela viajou com Moisés para o Egito junto com seu filho, cujo a idade na época é desconhecida. Desde a época de Abraão, Deus havia instruído os israelitas a circuncidarem seus bebês como um sinal da aliança de Deus com eles.

Por qualquer que seja o motivo, Moisés não circuncidou o seu filho. Mesmo que Deus tenha chamado Moisés para ser o seu mensageiro perante o Faraó, Deus estava descontente com Moisés e estava prestes a matá-lo.

Mas Zípora pegou uma pedra afiada, cortou o prepúcio de seu filho e tocou os pés de Moisés. "E disse: "Você é para mim um marido de sangue! Nessa ocasião o Senhor o deixou. (Ela disse "marido de sangue", referindo-se à circuncisão.)[48]

Quando a Escritura diz que Zípora *"tocou os pés de Moisés"*, isso provavelmente significa que ela o atirou a seus pés. Ela estava enojada e frustrada com o marido, e talvez não pudesse entender nem a recusa de Moisés em circuncidar o menino nem e a intenção de Deus de matar Moisés.

Se ela estava feliz com isso ou não, Zípora salvou Moisés e, portanto, também os israelitas. Por sua atitude sangrenta, ela se tornou um Heroína da Bíblia.

...lembre-se disso: Quem converte um pecador do erro do seu

---

[48] Êx 4:25-26

caminho, salvará a vida dessa pessoa e fará que muitíssimos pecados sejam perdoados.[49]

---

[49] Tg 5:20

Calebe - Um Herói da Fé de Atitude

Números 13 &14, Deuteronômio 1:36

Calebe foi um dos doze espiões escolhidos por Moisés para espionar a terra de Canaã, não muito tempo depois que fugiram do Egito. Canaã foi a terra prometida por Deus a Abraão, Isaque e Jacó (Israel), e assim Moisés estava preparando os israelitas para entrarem em Canaã.

Os doze espias entraram em Canaã por quarenta dias, retornando com o fruto da terra, incluindo um cacho gigante de uvas que carregavam em uma vara. Mas não eram apenas os frutos que eram grandes em Canaã, os habitantes também o eram. Eles retornaram e mostraram a enorme fruta, mas também relataram sobre os gigantes da terra.

E eles infamaram entre os israelitas a terra que haviam explorado. Eles disseram, "...e todo o povo que vimos nela são homens de grande estatura...e éramos aos nossos olhos como gafanhotos, e assim também éramos aos seus olhos.[50]

Calebe, no entanto, tinha grande fé em Deus e acreditava que Deus lhes daria a terra. Tanto Calebe como Josué tentaram persuadir o povo de Israel. Eles disseram *...não tenham medo do povo da terra, porque nós os devoraremos como se fossem pão. A proteção deles se foi, mas o Senhor está conosco. Não tenham medo deles.*"[51]

Josué é conhecido como o líder depois da morte de Moisés, mas Calebe foi a voz mais forte nessa situação. A fé de Calebe nas promessas de Deus foi forte. Infelizmente, as pessoas ouviram os outros dez espias e rejeitaram a sabedoria de Calebe e Josué. Deus estava tão zangado com os israelitas que os forçou a suportar quarenta anos vagando sem destino pelo deserto. Todos

---

[50] Núm 13:31-33

[51] Núm 14:9

com mais de vinte anos morreriam no deserto e não veriam a Terra Prometida, exceto Calebe e Josué. O Senhor disse sobre Calebe:

...como o meu servo Calebe tem outro espírito e me segue com integridade, eu o farei entrar na terra que foi observar, e seus descendentes a herdarão.[52]

A Jumenta de Balaão - Instrumento Heroico de Deus

---

[52] Núm 14:24

Números 22:21-35

Alguns heróis da Bíblia foram os que Deus usou em situações peculiares, eles eram heroicos, pois sua mais pura obediência salvava uma vida.

Balaão foi um profeta que viveu durante o tempo das peregrinações israelitas no deserto sob Moisés. Como profeta de Deus, ele tinha o poder de Deus para abençoar ou amaldiçoar as pessoas; Suas palavras carregavam a autoridade de Deus. Mas isso não significa que o homem era perfeitamente justo.

Os israelitas fizeram muitos inimigos em suas peregrinações no deserto, no caminho para a Terra Prometida. O rei de Moabe prometeu pagar a Balaão uma bela quantia para ele amaldiçoar Israel. Em vez de amaldiçoar Israel, Balaão obedeceu a Deus e abençoou Israel. O rei de Moabe continuamente tentou Balaão e Balaão queria os ricos presentes que o rei oferecia. Mesmo tendo a permissão de Deus para falar com os embaixadores de Moabe, ele não tinha os melhores interesses do Senhor em mente. Ele andou com os homens do rei, com o intuito de amaldiçoar Israel. Balaão não foi o herói da sua história.

A ira de Deus se acendeu contra Balaão, e o Anjo do Senhor permaneceu no caminho de Balaão com uma espada desembainhada. A sábia jumenta de Balaão viu o perigo e desviou da estrada, salvando seu mestre. Ela recebeu uma surra e eles continuaram.

Novamente, o Anjo do Senhor estava no caminho estreito e a jumenta esmagou o pé de Balaão contra o muro de pedra. Mais uma vez, a jumenta heroica levou uma surra. Na terceira vez em que a jumenta viu o Anjo do Senhor, ela salvou a vida de Balaão deitando-se sob ele, que bateu novamente nela com seu cajado.

Assim segue um dos versos mais bizarros em toda a Escritura: *Então o Senhor abriu a boca da jumenta, a qual disse a Balaão:*

Que te fiz eu, que me espancaste estas três vezes?[53]

Embora esse relato histórico verdadeiro do milagre seja inacreditável, é ainda mais inacreditável que o jumento de Balaão, que três vezes lhe salvou a vida, fosse muito mais sábio e heroico do que o próprio Balaão jamais o foi.

Eles abandonaram o caminho reto e se desviaram, seguindo o caminho de Balaão, filho de Beor, que amou o salário da injustiça, mas em sua transgressão foi repreendido por uma jumenta, um animal mudo, que falou com voz humana e refreou a insensatez do profeta.[54]

---

[53] Núm 22:28

[54] 2 Pe 2:15-16

As Filhas de Zelofeade - Heroínas da Fé de Atitude

Números 27:1-7, Números 36:1-12, Josué 17:3-4

Cinco irmãs, Maalá, Tirza, Hogla, Milca e Noa,[55] resolveram um problema raro para os israelitas através de sua ousada obediência e força de vontade em buscar uma solução sabia.

Seu pai, Zelofeade, morreu sem filhos homens. Antes de os israelitas entrarem na terra prometida para receberem suas heranças, as filhas de Zelofeade humildemente vieram a Moisés para pedir por uma herança. Pode ser difícil para nós entendermos a significância cultural deste pedido nos dias de hoje, porém essa foi uma petição ousada.

No mundo antigo mulheres estavam sujeitas a seus pais, maridos e irmãos. Receber propriedades em nome de seu pai era algo que as nações pagãs jamais concederiam, mas o povo escolhido de Deus, a nação de Israel, era uma nação construída sobre os sábios padrões de Deus.

Moisés lidou da maneira correta com a situação: ele perguntou ao Senhor o que deveria ser feito.

Moisés levou o caso perante o Senhor, e o Senhor lhe disse: "As filhas de Zelofeade têm razão. Você lhes dará propriedade como herança entre os parentes do pai delas, e lhes passará a herança do pai.[56]

O pedido delas e a graciosa resposta de Deus a Moisés deixou claro a necessidade de respeito e dignidade pelas mulheres israelenses. Moisés disse às filhas de Zelofeade que elas poderiam casar com quem desejassem, contanto que casassem com alguém da tribo de seu pai, a tribo Manassés.

~~Sua graciosa obediência e~~ confiança em Deus fez delas heroínas.

[55] Núm 36:11

[56] Núm 27:5-7

As filhas de Zelofeade fizeram conforme o Senhor havia ordenado a Moisés. As filhas de Zelofeade, Maalá, Tirza, Hogla, Milca e Noa, casaram-se com seus primos paternos, dentro dos clãs dos descendentes de Manassés, filho de José, e a herança delas permaneceu no clã e na tribo de seu pai.[57]

---

[57] Núm 36:10-12

Josué - Um Herói da Fé de Atitude

Números 14:30, Livro de Josué, Hebreus 11:30

Josué foi o líder de Israel após a morte de Moisés. Josué foi um assistente de Moisés e um guerreiro mais do que qualificado para receber o papel de pastor de Israel, à medida que a nação passava pela transformação de uma nação errante em uma nação conquistadora.

Josué foi um dos dois únicos homens da geração mais velha que recebeu a permissão para entrar na Terra Prometida, porque ele tinha fé que Deus os tinha levado para a terra e que eles prevaleceriam com a ajuda do Senhor.

Josué foi um homem de grande fé, que ouvia cuidadosamente as instruções de Deus e as seguia. Ele liderou a nação unida em suas campanhas militares contra as cidades fortificadas de Canaã. Quando Israel atravessou o rio Jordão em terra seca, Josué mandou que montassem uma pilha de pedras como memorial do dia em que entraram na Terra Prometida. O lugar de liderança de Josué estava garantido.

Naquele dia o Senhor exaltou Josué à vista de todo o Israel; e eles o respeitaram enquanto viveu, como tinham respeitado Moisés.[58]

Embora Josué fosse um líder militar experiente, ele era, antes de tudo, um servo obediente e fiel de Deus. O primeiro objetivo militar em Canaã foi Jericó, uma grande cidade com fortificações maciças. Por meio de Josué, Deus instruiu os israelitas a marcharem ao redor da cidade por sete dias carregando a Arca da Aliança.

No final dos sete dias, Deus milagrosamente derrubou as

---

[58] Js 4:14

muralhas de Jericó e Israel ganhou sua primeira batalha. Mesmo que Josué não seja mencionado no Salão da Fé de Hebreus 11, a liderança fiel de Josué foi para a lista.

Pela fé caíram os muros de Jericó, depois de serem rodeados durante sete dias.[59]

Israel foi derrotado em sua segunda batalha contra uma pequena cidade porque um dos israelitas havia tomado pilhagem proibida de Jericó. Josué agiu como profeta e juiz para descobrir e condenar o homem culpado.

A vida posterior de Josué foi dedicada à distribuição de terras para cada família israelita como herança. Antes de morrer Josué fez um apelo apaixonado a Israel para que permanecessem fiel ao Senhor.

Naquele dia Josué firmou um acordo com o povo em Siquém, e lhe deu decretos e leis... Depois Josué despediu o povo, e cada um foi para a sua propriedade.[60]

---

[59] Heb 11:30

[60] Js 24:25-28

Raabe - Uma Heroína da Fé de Atitude

Josué 2, Josué 6:25, Mateus 1:5, Hebreus 11:31, Tiago 2:25

Raabe foi uma prostituta que viveu em Jericó durante o tempo das campanhas militares de Josué. Josué havia enviado dois espias a Jericó, os quais se esconderam na casa de Raabe. O rei de Jericó veio a Raabe e exigiu que os homens fossem entregues, mas ela mentiu para o rei. Ela os havia escondido no telhado e disse ao rei que os espiões já haviam partido.

Com grande fé e temor a Deus, ela implorou aos espiões que poupassem sua vida quando Israel atacasse a cidade. Ela ouvira como Israel havia atacado e derrotado outros reis e nações. Ela disse para eles:

Quando soubemos disso, o povo desanimou-se completamente, e por causa de vocês todos perderam a coragem, pois o Senhor, o seu Deus, é Deus em cima nos céus e embaixo na terra.[61]

Os espiões fizeram uma barganha com Raabe. Se ela amarrasse uma corda escarlate em sua janela como sinal, Israel pouparia todos em sua casa. Escarlate é a cor do sangue. Seu sangue e o sangue de sua família seriam comprados pelo sinal cor de sangue.

Quando Josué atacou a cidade, Raabe foi poupada por causa de sua fé no Senhor. A história de Raabe, no entanto, não termina por aí. Sua história de pequena heroína afeta a História do Grande Herói da Bíblia de maneira significativa. Segundo todos os relatos, Raabe não deveria ser nenhum tipo de heroína, especialmente na cultura dos antigos israelitas.

Ela era uma mulher; ela era uma estrangeira (não uma israelita), e ela era uma prostituta. Da antiga perspectiva israelita, essas seriam três boas razões pelas quais ela não deveria ter sido uma parte importante da história da Bíblia. Mas os caminhos de Deus

---

[61] Jos 02:11

não são como os caminhos dos humanos caídos.

Raabe casou-se com um homem israelita chamado Salmom e se tornou a trisavó do rei Davi. Raabe, a prostituta e estrangeira, é uma das ancestrais do Senhor Jesus Cristo. Consta na lista de Mateus na árvore genealógica de Jesus:

Salmom gerou Boaz, cuja mãe foi Raabe; Boaz gerou Obede, cuja mãe foi Rute; Obede gerou Jessé; e Jessé gerou o rei Davi. [62]

O cordão de redenção escarlate e a liberdade do pecado une todas as Escrituras. A fé heroica de Raabe levou à salvação do mundo.

Pela fé Raabe, a meretriz, não pereceu com os incrédulos, acolhendo em paz os espias.[63]

---

[62] Mt 1:5-6

[63] Heb 11:31

Otniel - Um herói de Atitude

Juízes 3:7-11

Otniel foi o primeiro líder Israelense conhecido como um "juiz." Os "juízes" foram líderes de Israel por pouco tempo entre o tempo de Josué e o primeiro rei de Israel. Depois que Josué morreu, Israel rapidamente caiu na adoração de deuses locais em Canaã. Deus cumpriu Sua advertência, feita a eles através de Moisés e Josué de que eles seriam escravizados por outras nações se não adorassem unicamente ao Senhor.

Eventualmente, a dor de sua escravidão levou-os a se arrependerem, e Deus levantou os "juízes" que os libertariam. Todo o processo começaria de novo em breve. O ciclo era pecado, escravidão, súplica e depois salvação.

E, quando o Senhor lhes levantava juízes, o Senhor era com o juiz, e os livrava da mão dos seus inimigos, todos os dias daquele juiz; porquanto o Senhor se compadecia deles pelo seu gemido, por causa dos que os oprimiam e afligiam. Porém sucedia que, falecendo o juiz, reincidiam e se corrompiam mais do que seus pais, andando após outros deuses, servindo-os e adorando-os; nada deixavam das suas obras, nem do seu obstinado caminho.[64]

Este ciclo se repetiu muitas vezes no Livro dos Juízes, então cada um desses líderes foi um Herói da Bíblia, embora não saibamos muito sobre alguns deles. O primeiro juiz foi Otniel, que era o irmão mais novo de Calebe. Ele foi um herói de atitude. Ele salvou Israel de sua escravidão, então Israel teve paz por quarenta anos.

E os filhos de Israel clamaram ao Senhor, e o Senhor levantou-lhes um libertador, que os libertou: Otniel, filho de Quenaz, irmão de Calebe, mais novo do que ele.[65]

---

[64] Jz 2:18-19

Eúde - Um Herói de Atitude

Juízes 3:12-30

Eúde foi o primeiro de muitos líderes no Livro dos Juízes cuja história foi cheia de drama e intrigas. Eúde viveu durante outro ciclo de pecado e escravidão. O Senhor entregou os israelitas a Eglom, rei de Moabe. Os israelitas se arrependeram e o Senhor lhes enviou Eúde como seu resgatador.

E levou aquele presente a Eglom, rei dos moabitas; e *"era Eglom homem muito gordo."*[66] Eúde escondeu uma espada em sua roupa e disse ao rei que precisava apresentar uma mensagem secreta. O rei Eglom mandou os seus servos saírem e Eúde disse ao rei, *"Eu tenho uma mensagem de Deus para você."*[67]

O canhoto Eúde puxou a espada do lado direito e mergulhou-a na barriga gorda de Eglom. A espada entrou completamente e a gordura de Eglom se fechou sobre a espada. Quando o rei estava morrendo, o assassino saiu silenciosamente e trancou as portas atrás dele.

Eúde conseguiu escapar enquanto os servos do rei pensaram que seu rei ainda estaria em um encontro secreto.

Quando Eúde escapou, ele reuniu os israelitas para lutarem contra os moabitas, agora sem líder. *E disse-lhes: Segui-me, porque o Senhor vos tem entregue vossos inimigos, os moabitas, nas vossas mãos*[68]

Eúde não apenas trabalhou como um assassino; ele liderou os israelitas em batalha para uma vitória decisiva. Os israelitas

[65] Jz 3:9

[66] Jz 3:17

[67] Jz 3:20

[68] Jz 3:28

seguiram Eúde e 10.000 guerreiros moabitas caíram em batalha.

Assim foi subjugado Moabe naquele dia debaixo da mão de Israel; e a terra sossegou oitenta anos.[69]

---

[69] Jz 3:30

Débora - Uma Heroína da Fé de Atitude

Juízes 4:1 - 5 :31

Débora foi uma profetisa que liderou Israel depois de Eúde, e outro juiz chamado Sangar. Ela foi a única líder feminina de Israel.

Durante esse tempo, Israel havia pecado novamente, e o Senhor os escravizou a Jabim, o rei de Canaã. O rei Jabim tinha um comandante de exército chamado Sísera. As forças de Sísera incluíam 900 carros de ferro, uma unidade rápida e móvel que poderia atacar com resultados devastadores.

Como profetisa, Débora deu a Israel as instruções diretas de Deus. Ela mandou chamar um homem chamado Baraque e disse-lhe a palavra do Senhor:

Porventura o Senhor Deus de Israel não deu ordem, dizendo: Vai, e atrai gente ao monte Tabor, e toma contigo dez mil homens... E atrairei a ti para o ribeiro de Quisom, a Sísera, capitão do exército de Jabim, com os seus carros, e com a sua multidão; e o darei na tua mão. "[70]

Baraque era um homem de fé. Ele estava listado no Salão da Fé de Hebreus 11, mas Baraque não era tão heroico quanto a maioria dos outros listados ali. Baraque respondeu a Débora, "Eu irei, mas só se fores comigo."

Débora concordou, mas disse a Baraque que a honra da vitória não pertenceria a ele, mas iria para uma mulher. Baraque, o comandante militar, foi incitado por Débora, a profetisa. As tropas de Baraque venceram o inimigo, com as carruagens e tudo, pois o Senhor lutou por eles. Todas as tropas de Sísera foram mortas em batalha, Sísera porém escapou.

Como Baraque apenas concordou em ir caso Débora fosse com

---

[70] Jz 4:6-7

ele, sua honra e seu lugar como herói da Bíblia certamente restou diminuída. A fé de Débora, expressa em sua canção de Juízes 5, a deixou de pé como uma verdadeira heroína da Bíblia.

E Débora disse também a Baraque: "Vá! Este é o dia em que o Senhor entregou Sísera em suas mãos. O Senhor está indo à sua frente!"[71]

---

[71] Jz 4:14

Jael - Uma Heroína de Atitude

Juízes 4:16 - 5:31

Débora foi certamente uma mulher corajosa e heroica, e Baraque foi até certo ponto heroico. Ele tinha fé em Deus e liderava os exércitos de Israel, mas sua relutância em ficar sem Débora significava que a honra de derrotar Sísera seria dada a uma mulher, uma simples mulher que ficava em sua tenda chamada Jael.

Jael era a esposa de um homem chamado Héber, cuja família tinha uma espécie de aliança com o rei Jabim. Depois que Baraque derrotrou o exército de Sísera ele fugiu para a tenda de Jael. Jael convidou-o para entrar e encorajou-o a não ter medo.

Sísera achou que estava seguro nesta tenda local de pastoreio, mas sabia que havia sido derrotado. Ele estava fugindo e disse a Jael: "Se alguém vier me procurar, diga que ninguém está aqui". Com outras palavras, para Sísera, Jael era apenas "uma ninguém." Ele deitou e dormiu, estava exausto da batalha.

Mas Sísera não sabia que Deus havia levantado essa "ninguém", uma mulher de tenda, para esmagar os inimigos de Israel. Enquanto Sísera dormia, Jael pegou uma estaca e um martelo e enfiou a estaca na cabeça dele.

Baraque veio até a tenda, procurando por Sísera e Jael mostrou a Baraque o que ela havia feito. Com seus exércitos esmagados e seu comandante morto, o rei Jabim de Canaã estava vencido e destruído. Mais uma vez Israel vivia em paz e segurança.

Bendita seja entre as mulheres, Jael, mulher de Héber, o queneu; bendita seja entre as mulheres nas tendas.[72]

---

[72] Jz 5:24

Gideão - Um Herói da Fé de Atitude

Juízes 6:1 - 8:35, Hebreus 11:32

A história de Gideão segue imediatamente depois de Débora, Baraque e Jael. Israel mais uma vez se tornou uma nação adoradora de ídolos e o Senhor os entregou nas mãos dos midianitas. Midiã destruiu as colheitas de Israel e quase os fez morrer de fome.

Quando clamaram ao Senhor por livramento, o Anjo do Senhor veio a Gideão e o chamou para salvar Israel. Gideão não tinha certeza se ele podia executar esta tarefa, mas o Senhor o assegurou:

"Eu estarei com você", respondeu o Senhor, "e você derrotará todos os midianitas como se fossem um só homem".[73]

As primeiras instruções de Deus para Gideão foram para derrubar os ídolos na casa de seu pai. A cidade inteira estava zangada com Gideão e tentou matá-lo, mas o pai de Gideão, Joás, intercedeu por ele. O Espírito do Senhor veio sobre Gideão, e ele convocou Israel para lutar com ele contra os midianitas.

Gideão queria outro sinal de que Deus iria usá-lo para liderar os israelitas. Ele preparou um velo de lã e pediu ao Senhor que o velo ficasse molhado do orvalho, e o chão secasse pela manhã se Deus fosse usá-lo para derrotar Midiã. Aquilo aconteceu assim como Gideão pediu. Mais uma vez, Gideão pediu um sinal, e Deus lhe deu confirmação.

No próximo dia, Gideão reuniu seu exército de 32.000 homens, mas Deus queria que Israel soubesse que foi o Senhor e não a sua própria força que lhes concedeu a vitória.

E o Senhor disse a Gideão: "Você tem gente demais, para eu

[73] Jz 6:16

entregar Midiã nas suas mãos. A fim de que Israel não se orgulhe contra mim, dizendo que a sua própria força o libertou,[74]

Então Gideão enviou para casa 22.000 homens que estavam com medo. O Senhor reduziu os restantes 10.000 para apenas 300 homens, os separando pelo jeito que bebiam água.

Com apenas 300 homens, armados com tochas e trombetas, eles cercaram o acampamento dos midianitas. Ao comando de Gideão, eles tocaram as trombetas e empunhando as tochas, gritaram *"À espada, pelo Senhor e por Gideão!"*[75] O Senhor atingiu o acampamento midianita com terror.

Quando as trezentas trombetas soaram, o Senhor fez que em todo o acampamento os homens se voltassem uns contra os outros com as suas espadas...[76]

A fé de Gideão em Deus levou os Israelitas a derrotarem Midiã com apenas algumas centenas de homens, empunhando tochas e trombetas.

Assim Midiã foi subjugado pelos israelitas, e não tornou a erguer a cabeça durante a vida de Gideão a terra desfrutou paz quarenta anos.[77]

---

[74] Jz 7:2

[75] Jz 7:20

[76] Jz 7:22

[77] Jz 8:28

Jefté - Um Herói da Fé de Atitude

Juízes 10:6-12:7, Hebreus 11:32

Depois que Gideão morreu, Israel começou a entrar em uma guerra entre as tribos. O filho maligno de Gideão, Abimeleque liderou uma facção de Israel por vários anos, seguido por Tola e Jair. Mais uma vez, a idolatria e a maldade da nação os levaram a serem escravizados; desta vez, pelos amonitas.

Eles clamaram ao Senhor, que levantou outro improvável libertador. Jefté nasceu de uma prostituta e sua família o afastou de suas terras ancestrais. Jefté reuniu em volta dele um pequeno bando de fora da lei, de modo que os anciãos da cidade natal de Jefté, Gileade, vieram a ele em seu tempo de angústia.

Eles fizeram uma oferta a Jefté: se ele expulsasse os amonitas, eles se submeteriam a ele como seu líder. Jefté estava inseguro quanto a isso porque o povo de Gileade o havia tratado muito mal no passado. Eles juraram perante o Senhor que se submeteriam à liderança de Jefté, e ele começou enviando uma carta ao rei de Amom.

Várias mensagens iam e voltavam entre Jefté e o rei de Amom, cada um dos dois reivindicando a terra. A palavra final de Jefté aos amonitas expressou sua fé em Deus:

Tampouco pequei eu contra ti! Porém tu usas mal comigo em pelejar contra mim; o Senhor, que é juiz julgue hoje entre os filhos de Israel e entre os filhos de Amom.[78]

O Espírito do Senhor veio sobre Jefté e ele se preparou para a batalha. Confiando que o Senhor libertaria Israel, Jefté fez um voto precipitado: ele jurou que o que primeiro saísse de sua porta quando voltasse para casa vitorioso seria sacrificado como holocausto.

---

[78] Jz 11:27

É por isso que Hebreus 11 lista Jefté no Salão da Fé, mas o voto insensato de Jefté teve um resultado trágico.

O Senhor derrotou os amonitas sob Jefté e, quando voltou para casa, sua única filha saiu de sua porta, dançando em comemoração ao retorno de seu pai. A vitória de Jefté se transformou em luto quando ele percebeu o custo de seu voto. Sua filha também tinha grande fé no Senhor.

E ela lhe disse: Meu pai, tu deste a palavra ao Senhor, faze de mim conforme o que prometeste; pois o Senhor te vingou dos teus inimigos, os filhos de Amom.[79]

Depois de um tempo de luto, Jefté cumpriu seu voto. Jefté liderou Israel por sete anos, durante um período de grande agitação, e continuou a guerra entre as tribos. Mesmo tendo Gileade mandado Jefté embora sem uma herança, ele foi honrado como um filho favorito em sua morte.

E Jefté julgou a Israel seis anos; e Jefté, o gileadita, faleceu, e foi sepultado numa das cidades de Gileade.[80]

---

[79] Jz 11:36-37

[80] Jz 12:7

Sansão - Um Herói da Fé de Atitude

Juízes 13 - 16, Hebreus 11:32

Depois de Jefté, três juízes lideraram Israel por um curto período de tempo; então Israel foi mais uma vez escravizado por causa de sua maldade. Desta vez, seus opressores eram os filisteus, que governaram Israel duramente por 40 anos.

Um homem chamado Manoá tinha uma esposa que não tinha filhos, mas o Anjo do Senhor veio até ela e disse que ela teria um filho que seria nazireu desde o nascimento. Ela foi ao seu marido Manoá, que orou para que o Senhor lhes ensinasse como criar o filho deles.

O Anjo do Senhor falou a ambos e instruiu-os para que o filho deles nunca cortasse os cabelos, não bebesse vinho nem bebida fermentada, e ele não tocaria em nada impuro, de acordo com a lei de Moisés. Este foi o voto dos nazireus, o qual seu filho teria desde o nascimento. A mulher deu à luz logo depois e deu o nome Sansão a seu filho.

O Salão da Fé de Hebreus 11 lista Sansão como um herói da fé, mas ele foi um herói caído, quase um herói trágico. Os problemas de Sansão começaram quando ele cresceu. Ele queria casar-se com uma mulher filisteia e no caminho para vê-la ele matou um leão com as próprias mãos.

O Espírito do Senhor estava incitando Sansão contra os filisteus, e o casamento de Sansão foi o começo. Sansão apresentou um enigma aos filisteus sobre o leão que ele matou, e eles resolveram o enigma forçando a noiva de Sansão a revelar a resposta. Como resultado do problema, a mulher foi dada a outro homem em vez de ser dada a Sansão.

A ira de Sansão se acendeu contra os filisteus e quando o Espírito do Senhor veio sobre ele, ele demonstrou uma força quase irrefreável. Depois de ter queimado os campos dos filisteus, eles foram atrás de Sansão, que usou uma queixada de jumento para matar mil homens em batalha.

Sansão liderou Israel por 20 anos caóticos, mas seu problema com as mulheres seria sua queda. Ele se apaixonou por uma mulher filisteia chamada Dalila. Os governantes filisteus lhe prometeram grandes recompensas se ela pudesse descobrir o segredo da força inacreditável de Sansão.

Dalila finalmente o persuadiu a entregar o seu segredo: *Nunca passou navalha pela minha cabeça, porque sou nazireu de Deus desde o ventre de minha mãe; se viesse a ser rapado, ir-se-ia de mim a minha força, e me enfraqueceria, e seria como qualquer outro homem.*[81]

Ela raspou-lhe a cabeça enquanto ele dormia, e o Espírito do Senhor o deixou. Os filisteus capturaram-no, o cegaram e o puseram para trabalhar na prisão. Embora a Bíblia chame Sansão de herói da fé, ele abandonou sua confiança em Deus.

Mas o fim da história de Sansão mostra que sua fé no Senhor foi restaurada. Os filisteus se reuniram para uma festa no templo de seu ídolo Dagom. Eles trouxeram seu prêmio, Sansão cativo, para fora da prisão para ser o entretenimento da noite. Sansão foi colocado entre dois pilares centrais da principal edificação e Sansão, o herói de Deus desde o nascimento, orou:

Então Sansão clamou ao SENHOR, e disse: Senhor DEUS, peço-te que te lembres de mim, e fortalece-me agora só esta vez, ó Deus, para que de uma vez me vingue dos filisteus, pelos meus dois olhos.[82]

Ele empurrou os pilares e derrubou toda a estrutura, matando todos os governantes dos filisteus.

E disse Sansão: Morra eu com os filisteus. E inclinou-se com

---

[81] Jz 16:17

[82] Jz 16:28

força, e a casa caiu sobre os príncipes e sobre todo o povo que nela havia; e foram mais os mortos que matou na sua morte do que os que matara em sua vida.[83]

---

[83] Jz 16:30

Rute e Boaz - Heróis daFé de Atitude

O Livro de Rute, Mateus 1:5

Rute e Boaz viveram durante os tempos caóticos dos primeiros juízes. Rute era uma mulher moabita. A sogra de Rute, Noemi, mudou-se para Moabe com o marido e dois filhos durante uma fome em Israel. Lá o filho de Noemi casou-se com Rute.

Mas a vida era difícil, e o marido e os dois filhos de Noemi morreram em Moabe. Noemi pretendia retornar à sua terra natal, então ela disse a Rute para ficar em Moabe com sua família. Mas o amor de Rute por Naomi e sua fé no Deus de Israel eram mais fortes do que os laços com sua origem.

Embora Noemi tenha deixado Israel com o marido e dois filhos, ela voltou apenas com uma filha para a propriedade do marido, perto de Belém. Naqueles dias, a herança de uma família era passada de pai para filho, e uma mulher solteira, sem pai vivo ou irmãos, era pobre e necessitada.

Para encontrar comida para ela e Naomi, Rute começou a recolher no campo de Boaz. Deixar recolher era uma maneira aceita de ajudar os pobres, os recolhedores andavam atrás dos colhedores e apanhavam o que havia sido esquecido. Boaz era um parente do marido de Noemi e demonstrou grande bondade para com Rute.

Ele deu a ela segurança e apoio enquanto ela trabalhava em seu campo, e ele ficou comovido com o amor de Rute por Noemi. Ele disse para ela, *"O Senhor retribua o teu feito; e te seja concedido pleno galardão da parte do Senhor Deus de Israel, sob cujas asas te vieste abrigar."*[84]

Quando Rute contou a Noemi sobre a gentileza que Boaz mostrara, Noemi viu uma oportunidade e entrou rapidamente no modo casamenteiro. Ela sabia que Boaz seria um bom marido

---

[84] Ru 2:12

para Rute, e que ele proveria para as duas.

Nessa noite, Noemi instruiu Rute a ir para a eira onde Boaz estava trabalhando e a se deitar humildemente aos pés de Boaz quando ele estivesse descansando. Quando ele acordou e viu Rute, ela humildemente e corajosamente pediu que Boaz se casasse com ela.

E ela disse: Sou Rute, tua serva; estende, pois, tua capa sobre a tua serva, porque tu és o remidor.[85]

O "remidor" significava o homem mais próximo em parentesco apto a receber a herança de um homem morto e sua esposa. Essa "proposta" foi a maneira de Rute pedir para que Boaz tomasse conta dela e de Noemi. Boaz ficou feliz em receber Rute como sua esposa, desde que outro parente não quisesse redimir as terras do marido e dos filhos de Noemi.

No dia seguinte, Boaz disse ao outro potencial "remidor" que Ruth faria parte do acordo, e o parente então recusou. Boaz casou-se com Rute e recebeu a herança de família de Noemi.

Essa linda história de amor trata-se mais do que apenas de um homem gentil, uma sogra casamenteira e uma jovem promissora. O casamento surgiu dos céus. Deus tinha uma maneira de juntar as pessoas corretas para completar a História do Grande Herói da Bíblia.

Assim como a mãe de Boaz, Raabe, Rute era uma estrangeira que usou o casamento para entrar para a linhagem de Abraão. Rute era a bisavó do rei Davi, que se tornou o ancestral do Rei dos reis, Jesus Cristo.

Assim tomou Boaz a Rute, e ela lhe foi por mulher; ...e o Senhor lhe fez conceber, e deu à luz um filho. Então as mulheres

---

[85] Ru 3:9

disseram a Noemi: Bendito seja o Senhor, que não deixou hoje de te dar remidor...pois tua nora, que te ama, o deu à luz, e ela te é melhor do que sete filhos.

E Noemi tomou o filho, e o pôs no seu colo, e foi sua ama. E as vizinhas lhe deram um nome, dizendo: A Noemi nasceu um filho. E deram-lhe o nome de Obede. Este é o pai de Jessé, pai de Davi.[86]

---

[86] Ru 4:13-17

Samuel - Um Herói da Fé de Atitude

O Livro de 1 Samuel, Hebreus 11:32

Samuel foi um herói único na Bíblia, pois sua história representou transições na história do antigo Israel. Samuel foi o último juiz, o primeiro a ser também profeta, e o único fazedor de reis. Como muitas mães de heróis da Bíblia, a mãe de Samuel, Ana, era estéril até que o Senhor fez Samuel nascer.

Desde os primeiros dias de Samuel, vivendo no templo com o velho sacerdote Eli, Samuel foi chamado para ser profeta de Deus. O Senhor chamou o menino Samuel à noite pelo nome, e ele correu para Eli, pensando que o velho sacerdote o havia chamado. Mais duas vezes Deus chamou Samuel, e o menino correu até Eli. Finalmente, Eli disse para Samuel responder à voz do Senhor:

...Eli disse a Samuel: Vai deitar-te e há de ser que, se te chamar, dirás: Fala, Senhor, porque o teu servo ouve. [87]

Samuel fez como instruído, e ele se tornou o primeiro em uma longa lista de profetas designados. Antes de Samuel, Deus havia falado através de vários homens e mulheres, mas agora o papel de profeta seria um cargo no antigo Israel, tão importante quanto os dos próprios reis que logo seriam coroados.

Como profeta de Deus, Samuel governou Israel como os melhores Juízes haviam governado - um líder e um tomador de decisões, mas sobretudo alguém que reconheceu que o próprio Deus era o verdadeiro Líder e Pastor desta nação.

Samuel teve muitos papéis, pois ao mesmo tempo era o comandante militar e o sumo sacerdote da nação, repeliu os opressores filisteus fazendo um sacrifício ao Senhor. Samuel liderou Israel de maneira justa e sábia, confiando em Deus. Mas quando Samuel envelheceu e seus filhos não pareciam ser bons

---

[87] 1 Sa 3:9

líderes, o povo de Israel veio a Samuel com um pedido: eles queriam um rei.

Eles rejeitaram o reinado de Deus; eles queriam um rei como todas as outras nações. Depois que Samuel advertiu Israel a não ter um rei, Deus disse a Samuel para ungir Saul como o primeiro rei de Israel.

Pacientemente, o obediente Samuel confiou em Deus toda a sua vida.

E crescia Samuel, e o Senhor era com ele, e nenhuma de todas as suas palavras deixou cair em terra. E todo o Israel... conheceu que Samuel estava confirmado por profeta do Senhor.[88]

---

[88] 1 Sa 3:19-20

Saul - Um Herói de Atitude

1 Samuel 9 - 31

Samuel ungiu Saul primeiro rei de Israel. Inicialmente um homem relutante e tímido que não estava tão interessado em ser um rei, ele estava caçando os burros perdidos de seu pai quando Samuel o encontrou, derramou óleo em sua cabeça como um sinal da bênção de Deus, e o declarou rei de Israel.

Samuel deu instruções muito específicas a Saul sobre o que ele deveria fazer. Como profeta e sacerdote de Deus, Samuel deveria ser o conselheiro mais próximo do rei. Samuel também promovia Saul. Quando Samuel reuniu o povo de Israel para trazer seu novo rei, Saul estava relutante. Quando ele finalmente deixou de se esconder, a nação o recebeu como rei.

Saul foi prontamente trabalhar como líder militar e defensor de Israel. Por pura força de ameaças, Saul reuniu um exército de 330.000 israelitas e defendeu uma cidade chave. As pessoas ficaram tão felizes com o novo rei que o elogiaram e se submeteram a ele novamente como seu rei.

Os dias de liderança de Samuel haviam passado. Em seu discurso de aposentadoria, Samuel chamou Israel de volta ao Senhor e os advertiu sobre os males em potencial de ter um rei:

Tão-somente temei ao Senhor, e servi-o fielmente com todo o vosso coração; porque vede quão grandiosas coisas vos fez. Porém, se perseverardes em fazer mal, perecereis, assim vós como o vosso rei.[89]

Naquele momento, parecia que Israel finalmente tinha se encontrado. Mas Saul, mesmo tão heroico em suas atitudes, não tinha a fé de Samuel. Ele desobedeceu a Deus de várias maneiras ao convocar os homens de Israel para a guerra. Samuel confrontou o herói caído:

---

[89] 1 Sa 12:24-25

...Samuel disse a Saul: Não voltarei contigo. porquanto rejeitaste a palavra do Senhor, já te rejeitou o Senhor, para que não sejas rei sobre Israel.[90]

---

[90] 1 Sa 15:26-29

Jônatas - Um Herói da Fé de Atitude

1 Samuel 14 - 20

Jônatas era filho do rei Saul, cuja história se cruza com a de Davi. Durante o reinado do rei Saul, as armas eram escassas por causa da opressão filisteia. Jônatas era um dos poucos guerreiros que carregavam uma espada.

De muitas maneiras, Jônatas agiu mais como Davi do que seu pai, Saul. Com grande coragem e fé, Jônatas e seu escudeiro escalaram uma rocha fortificada filisteia e atacaram o posto avançado. Jônatas disse ao seu escudeiro: *Porém, se disserem: Subi a nós; então subiremos, pois, o Senhor os tem entregado nas nossas mãos, e isto nos será por sinal.*[91]

Enquanto subiam, os filisteus os viram e os provocaram, convidando-os a subir para aprenderem uma lição. Jônatas viu isso como o sinal de que Deus estava com eles. Ele escalou o penhasco e enfrentou os filisteus, sem ninguém além de seu escudeiro. Ele derrotou os filisteus, e o restante dos israelitas se juntou à batalha. Mais uma vez, Deus salvou Israel por causa da fé de um homem.

Jônatas poderia ter sucedido seu pai se Saul não tivesse sido rejeitado como rei. Deus escolheu Davi para ser o próximo rei. Em vez de ficar com ciúmes de Davi, Jônatas tornou-se um amigo próximo e até salvou a vida de Davi.

Depois que Davi matou Golias e se tornou um herói nacional, Saul ficou com ciúmes de Davi e tentou matá-lo. No começo, Jônatas não podia imaginar seu pai querendo matar seu amigo, mas ele finalmente descobriu a verdade. Saul estava tão zangado com a devoção de Jônatas a Davi que ele atirou uma lança em seu filho.

Jônatas salvou a vida de Davi, revelando as intenções de seu pai,

---

[91] 1 Sa 14:10

enviando Davi ao deserto para fugir da ira de Saul. De muitas maneiras, Jônatas, o amigo e herói não celebrado do rei Davi, prefigurou um futuro herói bíblico: João Batista, o amigo e herói não celebrado do rei Jesus.

Assim fez Jônatas aliança com a casa de Davi, dizendo: O Senhor o requeira da mão dos inimigos de Davi. E Jônatas fez jurar a Davi de novo, porquanto o amava; porque o amava com todo o amor da sua alma.[92]

---

[92] 1 Sa 20:16-17

Davi - Um Herói da Fé de Atitude

1 Samuel 16 - 2, Samuel 24

Davi foi o maior herói mítico. Ele tinha tudo: a caneta de um compositor, a confiança eterna e a coragem de um guerreiro. Mas Davi era mais que isso; Ele era um herói bíblico, por causa de sua grande fé, e era um homem segundo o coração de Deus.[93] O garoto, pastor de Belém revelou-se quando ele derrotou Golias.

A história de Davi e Golias pode ser a mais conhecida história de herói da Bíblia. O magricela, azarão venceu o enorme gigante com nada mais além de uma funda, uma pedra e sua confiança em Deus; Na verdade, essa foi a essência de uma das melhores histórias de origem de heróis.

Para o povo do antigo Israel, deve ter parecido que ele veio do nada. Como um ninguém como ele tornou-se um herói daquele porte? A fé do herói estava focada no próprio Deus.

Davi, porém, disse ao filisteu: Tu vens a mim com espada, e com lança, e com escudo; porém eu venho a ti em nome do Senhor dos Exércitos, o Deus dos exércitos de Israel, a quem tens afrontado... E saberá toda esta congregação que o Senhor salva, não com espada, nem com lança; porque do Senhor é a guerra, e ele vos entregará na nossa mão.[94]

Quando o gigante caiu, todo o Israel sabia que um herói havia surgido entre eles. Então Davi, o rei ungido que ocuparia o lugar de Saul, passou muitos anos se escondendo e fugindo da amargura e inveja do rei Saul. Davi não ousou matar o rei Saul mesmo quando teve a oportunidade. Ele esperou pacientemente que o Senhor derrubasse Saul e depois o levantasse.

Como o primeiro rei a alcançar verdadeiramente a paz em Israel

---

[93] 1 Sa 13:14

[94] 1 Sa 17:45-47

depois de anos de guerra, Davi inaugurou a curta era de ouro do Reino de Israel. Ele queria que a Arca da Aliança repousasse em um templo construído para a honra de Deus. Deus lhe fez uma promessa de que seu reino duraria eternamente:

Porém a tua casa e o teu reino serão firmados para sempre diante de ti; teu trono será firme para sempre.[95]

O rei Davi não era perfeito. Cegado por seu orgulho, ele cometeu adultério e assassinato. Davi se arrependeu de seu pecado e Deus o perdoou, mas suas ações resultaram em uma série de guerras e lutas, inclusive dentro de sua família.

Seus descendentes governariam como reis em Israel por centenas de anos. Por fim, o Senhor Jesus Cristo, descendente de Davi, nasceria em Belém: o prometido Pastor Rei que salvaria Israel e o mundo da escravidão do pecado.

Reinou, pois, Davi sobre todo o Israel; e Davi fazia direito e justiça a todo o seu povo.[96]

---

[95] 2 Sa 7:16

[96] 2 Sa 8:15

Abigail - Uma Heroína da Fé de Atitude

1 Samuel 25

Às vezes, Deus usava heróis bíblicos menos significativos para salvar heróis bíblicos mais importantes. Assim como o Senhor usou Jônatas para impedir a destruição de Davi, Deus também usou a sábia Abigail.

Durante o tempo que Davi e seus homens estavam fugindo de Saul e seus homens no deserto, muitas vezes eles dependiam da bondade de outras pessoas. Em fuga e confiando na provisão do Senhor, Davi se aproximou de um homem chamado Nabal para pedir ajuda. Nabal era rico e tinha muito para dar, porém ele era teimoso e ranzinza. Ele recusou ajudar

Davi, embora Davi e seus homens tivessem protegido a propriedade de Nabal.

Davi, frustrado com suas peregrinações ao deserto, ficou cheio de raiva e instruiu seus homens a se prepararem para matar Nabal e sua casa. Os servos da casa foram até a esposa de Nabal e imploraram para que ela intervisse.

Abigail rapidamente reuniu o máximo de comida que pôde e saiu para encontrar Davi. Ela humildemente apresentou os suprimentos e então graciosamente intercedeu por Nabal. Ela lembrou a Davi que a vingança pertence somente a Deus, e que derramamento de sangue desnecessário não era o correto para o homem segundo o coração de Deus. David cedeu à repreensão gentil de Abigail.

Então Davi disse a Abigail: Bendito o Senhor Deus de Israel, que hoje te enviou ao meu encontro. E bendito o teu conselho, e bendita tu, que hoje me impediste de derramar sangue, e de vingar-me pela minha própria mão.[97]

---

[97] 1 Sa 25:32-33

Logo depois, o Senhor atingiu Nabal e ele veio a falecer.[98] Davi pediu Abigail em casamento para assim proteger e prover para quem para ele proveu e o protegeu.

Quando Davi soube que Nabal estava morto, disse: "Bendito seja o Senhor, que defendeu a minha causa contra Nabal, por ter me tratado com desprezo. O Senhor impediu seu servo de praticar o mal e fez com que a maldade de Nabal caísse sobre sua própria cabeça".[99]

---

[98] 1 Sa 25:38

[99] 1 Sa 25:39

Urias e os Poderosos Guerreiros de Davi - Heróis de Atitude

2 Samuel 11, 2 Samuel 23:8 - 24:1

Os Poderosos Guerreiros de David eram um grupo de guerreiros conhecidos por suas façanhas à lá Sansão. Por exemplo, um deles derrotou 800 soldados filisteus em combate. Sua devoção a Davi foi um componente crucial de suas histórias. Eles lutaram para atravessar as linhas inimigas apenas para pegar um copo de água para David. Quando eles voltaram com a água, Davi derramou a água no chão como uma oferta ao Senhor ao invés de beber.[100]

Sua lealdade era geralmente retribuída pelo amor de Davi por eles. Urias o hitita era um dos poderosos guerreiros de Davi, mas sua lealdade foi retribuída com traição.

Davi teve um caso com a esposa de Urias, Bate-Seba, enquanto Urias estava em guerra por Davi e Israel. Bate-Seba engravidou e contou a Davi. Davi convocou seu poderoso guerreiro Urias para voltar para casa, esperando que Urias passasse a noite com sua esposa.

O plano de Davi de esconder a gravidez ilícita falhou por causa da devoção de Urias por Davi e pelos exércitos de Israel. Urias não foi para casa, para sua esposa, pois este conforto não estava disponível para os seus companheiros.

Tal era o compromisso deste poderoso guerreiro, mas Davi, em uma impressionante inversão do que ocorreu com Abigail/Nabal, providenciou a morte do homem e tomou sua esposa.

Este terrível pecado resultou na queda da família de Davi, mas ele se arrependeu e recebeu o perdão de Deus.

Urias é um herói esquecido, mas seu status como uma vítima

[100] 2 Sa 23:16

traída deixou uma marca significante na História do Grande Herói da Bíblia: Urias é a única pessoa listada nos antepassados de Jesus Cristo que não foi realmente um ancestral.

...e Jessé gerou o rei Davi. Davi gerou Salomão, cuja mãe tinha sido mulher de Urias...[101]

---

[101] Mt 1:5-6

Natã - Um Herói da Fé de Atitude

2 Samuel 12

Natã foi um profeta de Deus durante o tempo do rei Davi. Ele entregava as mensagens de Deus para Davi. Natã disse ao rei que Deus havia prometido um descendente real eterno.[102] Essa foi uma boa notícia de benção para Davi. Entretanto, frequentemente um profeta tinha que entregar também mensagens não tão boas.

Depois que Davi causou a morte de Urias na batalha, ele tomou Bate-Seba como sua esposa e gerou um menino com ela. Deus enviou Natã para confrontar Davi, que achava que todo o negócio desagradável havia sido varrido para debaixo de um tapete. Natã veio a Davi com uma história: um homem rico roubou a cordeira de um homem pobre e a serviu aos convidados para o jantar.

Davi se encheu de uma indignação santa. Como alguém pôde ser tão desalmado e egoísta? *Então, Davi encheu-se de ira contra o homem e disse a Natã: "Juro pelo nome do Senhor que o homem que fez isso merece a morte!*[103]

As palavras de Natã devem ter atingido Davi como um soco no rosto: "Você é esse homem!" Natã entregou a mensagem de que o pecado de Davi iniciaria um efeito dominó de conflitos familiares e de guerras. O filho bebê de Bate-Seba morreria por causa de Davi.

Ao invés de culpar outros ou de justificar-se, Davi se arrependeu e confessou o seu pecado humilhando-se diante de Deus. Deus o perdoou; mesmo assim, as consequências ainda seriam como Natã predisse.

Por causa da obediência corajosa de Natã em levar a mensagem

---

[102] 2 Sa 7:4

[103] 2 Sa 12:5

de Deus a Davi, ele salvou Davi de seu pecado voluntário e de seu encobrimento, bem como do julgamento eterno de Deus. Natã levou Davi ao arrependimento e mostrou que Deus é tanto Juiz, como Perdoador de pecados.[104]

Então Davi disse a Natã: "Pequei contra o Senhor." E Natã respondeu: "O Senhor perdoou o seu pecado. Você não morrerá.[105]

---

[104] Ro 3:26

[105] 2 Sa 12:13

Husai - Um Herói de Atitude

2 Samuel 16-17

Assim como Jônatas, Abigail e Natã, Husai foi uma das personalidades menores, cujo heroísmo salvou uma personalidade maior, o Rei Davi. Depois que Davi pecou com Bate-Seba, sua família desmoronou em rebelião contra ele.

O filho de Davi, Absalão, reuniu muitos do povo de Israel contra o rei e liderou a tentativa de destronar Davi. Davi foi superado em número de homens e armas no conflito contra Absalão e teve que fugir para um lugar seguro. Ele estava vulnerável e despreparado, e assim a rebelião de Absalão parecia ser um sucesso.

Davi tinha dois conselheiros, Aitofel e Husai, os quais o aconselharam. Aitofel era particularmente confiável.

E era o conselho de Aitofel, que aconselhava naqueles dias, como se a palavra de Deus se consultara. tal era todo o conselho de Aitofel, assim para com Davi como para com Absalão.[106]

Aitofel tomou o partido em favor de Absalão e aconselhou-o a perseguir Davi imediatamente e a esmagá-lo. Ele aconselhou que Absalão matasse Davi e não ferisse mais ninguém, solidificando assim sua posição como novo rei. Absalão pediu o conselho de Husai que deu conselhos contrários. Ele aconselhou Absalão a não atacar, mas a esperar.

Husai convenceu Absalão de que as ferozes tropas de Davi terminariam a rebelião se atacadas. Absalão seguiu o conselho de Husai em vez de ouvir Aitofel.

Husai então enviou mensagens para Davi, o qual encontrava-se desprotegido, para que assim escapasse rapidamente durante a noite. Deus usou o ousado Husai para salvar Davi.

Absalão e todos os homens de Israel consideraram o conselho de

[106] 2 Sa 16:23

Husai, o arquita, melhor do que o de Aitofel. pois o Senhor tinha decidido frustrar o eficiente conselho de Aitofel a fim de trazer ruína sobre Absalão.[107]

---

[107] 2 Sa 17:14

Salomão - Um Herói da Fé de Atitude

1 Reis 1 - 11

Pela providência do Senhor, a rebelião de Absalão falhou e Davi continuou vivo. Quando o envelhecido Davi se aproximava da morte, ele fez de seu filho Salomão, o rei de Israel. O início do reinado de Salomão foi selvagem e caótico, pois ele trabalhava para acabar com os últimos elementos da rebelião contra o Rei Davi.

Após a morte do rei Davi, Deus veio a Salomão em um sonho e lhe deu a oportunidade de pedir qualquer coisa. Salomão, com grande fé, pediu ao Senhor que lhe desse sabedoria para governar a nação. Deus se agradou do seu pedido, pois ele não pediu riquezas nem honra. Deus disse para Salomão:

farei o que você pediu. Eu lhe darei um coração sábio e capaz de discernir, de modo que nunca houve nem haverá ninguém como você. Também lhe darei o que você não pediu: riquezas e fama; de forma que não haverá rei igual a você durante toda a sua vida.[108]

A sabedoria de Salomão foi testada quando duas mulheres entraram em disputa por causa de um bebê. As duas haviam dado à luz a um bebê, porém um havia morrido e agora cada uma reivindicava a criança viva para si. Salomão chocou a todos ao ordenar que o bebê fosse cortado ao meio, para que uma metade pudesse ser dada a cada mulher. Uma das mães implorou ao rei que não matasse a criança enquanto a outra concordou com o comando do rei. Salomão fez isso para desmascarar a falsa mãe e descobrir quem era a verdadeira mãe. O rei cancelou seu comando e deu o bebê para a mulher que implorou por misericórdia em nome da criança.

---

[108] 1 Rs 3:12-13

O maior feito de Salomão foi construir o templo e, durante o reinado de Salomão, Israel realmente teve uma era de ouro, de paz e prosperidade.

Em seus últimos anos, o coração de Salomão ficou dividido por causa de suas muitas esposas que adoravam deuses estrangeiros. Salomão começou como um herói, mas tornou-se um herói caído.

O rei Salomão era o mais rico e o mais sábio de todos os reis da terra. Gente de todo o mundo pedia audiência a Salomão para ouvir a sabedoria que Deus lhe tinha dado.[109]

---

[109] 1 Rs 10:23-24

Elias - Um Herói da Fé de Atitude

1 Reis 17-19, 2 Reis 1-2, Romanos 11:2-4, Tiago 5:17-18

Após a morte de Salomão, Israel foi dividida em duas nações. Israel era o Reino do Norte e Judá o Reino do Sul. A era do Reino Dividido foi repleta de guerras e derramamento de sangue. Nenhum dos reis de Israel seguiu o Senhor, e apenas alguns dos reis de Judá o seguiram.

Deus enviou Seus profetas aos reis de Israel e Judá durante este tempo conturbado com um chamado ao arrependimento. Durante o reinado de Acabe sobre o Reino do Norte, o Senhor chamou Elias como Seu profeta.

O ministério de Elias começou com más notícias para o rei Acabe: não haveria chuva na terra. Com o aumento da seca veio grande sofrimento. Ele conheceu uma viúva que forneceu comida para ele, enquanto Deus miraculosamente proveu para a viúva e seu filho. Seu filho morreu, mas Deus usou Elias para trazê-lo de volta à vida. Deus usava sinais miraculosos como este para demonstrar que os profetas falavam por Deus.

Então a mulher disse a Elias: "Agora sei que tu és um homem de Deus e que a palavra do Senhor, vinda da tua boca, é a verdade".[110]

O maior momento de Elias foi uma das histórias mais dramáticas da Bíblia. Elias convocou um confronto entre ele e os 450 profetas de Baal, um falso deus adorado como ídolo. Elias preparou um altar e os profetas de Baal prepararam um altar. Elias expôs o teste:

...vocês invocarão o nome do seu deus, e eu invocarei o nome do Senhor. O deus que responder por meio do fogo, esse é Deus".[111]

Os adoradores de ídolos dançaram e se cortaram enquanto

---

[110] 1 Rs 17:24

[111] 1 Rs 18:24

suportavam as provocações de Elias e tentavam furiosamente conjurar o fogo de seu falso deus. *Mas não houve resposta alguma; ninguém respondeu, ninguém deu atenção.*[112]

Como se para simplesmente se exibir, Elias ordenou que água fosse derramada por todo o altar com o sacrifício pronto para ser queimado. Ele orou e o Senhor respondeu consumindo todo o altar molhado com fogo dos céus.

Após esta vitória parecia que Elias seria imparável, mas ele fugiu para o deserto, assustado com a ira da esposa de Acabe, rainha Jezabel. O Senhor ministrou para Elias e o lembrou de que ele não estava sozinho. Até heróis precisavam de apoio e encorajamento.

A vida de Elias terminou em uma das maneiras mais inusitadas da Bíblia. Deus pretendia passar o ofício profético para Eliseu, e assim Elias foi levado para o céu sem morrer.

De repente, enquanto caminhavam e conversavam, apareceu um carro de fogo, puxado por cavalos de fogo, que os separou, e Elias foi levado aos céus num redemoinho.[113]

---

[112] 1 Rs 18:29

[113] 2 Rs 2:11

Micaías - Um Herói da Fé de Atitude

1 Reis 22 1-28, 2 Crônicas 18:1-27

Durante o Reino Dividido, houve ocasiões em que tanto Judá como Israel se aliaram contra um inimigo comum. O rei Acabe de Israel pediu ao rei Josafá de Judá que lutasse com ele contra Arã, mas o rei de Judá não iria sem pedir ao Senhor primeiro. O rei Acabe reuniu sua equipe de profetas, que disse aos reis que o Senhor estaria com eles.

O rei Josafá não estava convencido de que esses homens realmente falavam pelo Senhor, então ele perguntou se havia algum profeta de Deus por perto.

O rei de Israel respondeu a Josafá: "Ainda há um homem por meio de quem podemos consultar o Senhor, mas eu o odeio, porque nunca profetiza coisas boas a meu respeito, mas sempre coisas ruins. É Micaías, filho de Inlá".[114]

Micaías entrou e sarcasticamente concordou com os falsos profetas, e Acabe o advertiu a respeito de sua atitude sarcástica. Micaías entregou a palavra para o Rei Acabe: *Vi todo o Israel espalhado pelas colinas, como ovelhas sem pastor, e o Senhor dizer: 'Estes não têm dono. Cada um volte para casa em paz". "*[115]

O Rei Acabe pediu uma resposta direta, mas não gostou da resposta que ele recebeu. Embora centenas de falsos profetas tivessem prometido a vitória de Acabe, apenas Micaías prometeu a derrota de Acabe. Micaías com ousadia tentou avisar o rei, mas ele não ouviu.

Acabe foi para batalha e morreu, assim como Micaías havia prometido. Os verdadeiros profetas de Deus nunca erravam.

[114] 1 Rs 22:8

[115] 1 Rs 22:17

Micaías declarou: "Se você de fato voltar em segurança, o Senhor não falou por meu intermédio". E acrescentou: "Ouçam o que estou dizendo, todos vocês! "[116]

---

[116] 1 Rs 22:28

Eliseu - Um Herói da Fé de Atitude

2 Reis 2-13

Eliseu foi o profeta que veio após Elias. Antes de Elias ser levado para o céu, Eliseu pediu para receber dupla porção do espírito de Elias, ou seja, de seu poder e autoridade espiritual. Deus concedeu o pedido de Eliseu e ele tornou-se um profeta conhecido por sinais miraculosos.

O ofício profético de Eliseu estava principalmente no Reino do Norte, durante os reinados do filho de Acabe, o rei Jorão, e vários reis que se seguiram. Os reis de Israel eram adoradores de ídolos malignos, e a palavra de Eliseu aos reis era geralmente uma palavra de afronta.

O Senhor fez mais milagres através de Eliseu do que qualquer outra pessoa na Bíblia, exceto Jesus. Ele limpou águas venenosas, fez mananciais aparecerem, fez surgir um suprimento milagroso de azeite de oliva, trouxe um menino morto de volta à vida, limpou um pote mortal de ensopado, alimentou 100 pessoas com alguns pães, fez uma cabeça de ferro flutuar e curou Naamã da lepra.

Nesse tempo, o rei da Aram estava em guerra contra Israel. Eliseu forneceu informações privilegiadas sobre os movimentos do exército arameu, de modo que o rei Jorão de Israel sempre soube como se posicionar melhor. O rei de Aram enviou seus soldados para capturar o profeta e eles cercaram a cidade onde Eliseu e seu servo estavam escondidos. O servo, com medo de perder sua vida, perguntou a Eliseu o que eles poderiam fazer.

O profeta respondeu: "Não tenha medo. Aqueles que estão conosco são mais numerosos do que eles". E Eliseu orou: "Senhor, abre os olhos dele para que veja". Então o Senhor abriu os olhos do rapaz, que olhou e viu as colinas cheias de cavalos e carros de fogo ao redor de Eliseu.[117]

[117] 2 Rs 6:16-17

Quando os arameus atacaram, Eliseu orou para que todos fossem cegados. Os inimigos cegos foram levados ao rei Jorão; os olhos dos soldados arameus foram abertos quando entraram na cidade do rei. Eliseu instruiu o rei a alimentá-los e mandá-los embora. Eliseu mais uma vez salvou Israel para que pudessem lutar outro dia.

Além de Jesus, Eliseu foi o único herói da Bíblia a salvar alguém mesmo, após a morte. Um homem morto foi ressuscitado quando foi jogado no túmulo de Eliseu: *Certa vez, enquanto alguns israelitas sepultavam um homem, viram de repente uma dessas tropas; então jogaram o corpo do homem no túmulo de Eliseu e fugiram. Assim que o cadáver encostou nos ossos de Eliseu, o homem voltou à vida e se levantou.*[118]

---

[118] 2 Rs 13:21

Uma Serva de Naamã - Uma Heroína da Fé

2 Reis 5

Às vezes, um herói da Bíblia era heroico por causa de seu altruísmo puro. Durante o tempo de Eliseu, o Reino do Norte teve crises de guerras contra os arameus. Ocasionalmente o rei de Aram enviava invasores para Israel e fazia prisioneiros.

Uma cativa era uma criada sem nome da casa do comandante do exército da Araméia, Naamã. *Ele era um grande homem diante do seu SENHOR, e de muito respeito; porque por ele o SENHOR dera livramento aos sírios. e era este homem herói valoroso, porém leproso.*[119]

A serva cativa servia à esposa de Naamã. Em vez de ódio e amargura contra seus sequestradores, seu sentimento era de preocupação com a lepra de Naamã. A lepra era uma doença mortal que apodrecia a pele. *E disse esta à sua senhora: Antes o meu senhor estivesse diante do profeta que está em Samaria ele o restauraria da sua lepra.*[120]

Por causa da palavra da serva capturada, Naamã foi a Eliseu e encontrou cura nas águas do rio Jordão. Naamã aprendeu que o Deus de Israel era o Deus de todos os povos. Através da humilde e heroica serva, Naamã foi levado à fé no Senhor.

Então Naamã e toda a sua comitiva voltaram à casa do homem de Deus. Ao chegar diante do profeta, Naamã lhe disse: "Agora sei que não há Deus em nenhum outro lugar, senão em Israel...[121]

---

[119] 2 Rs 5:1

[120] 2 Rs 5:3

[121] 2 Rs 5:15

Os Quatro Leprosos de Samaria - Heróis de Atitude

2 Reis 7

Assim como a serva de Naamã, alguns heróis da Bíblia tornavam-se mais heroicos devido às circunstâncias. Posteriormente, os arameus cercaram a cidade de Samaria em sua guerra contínua contra o Reino do Norte. As pessoas estavam tão desesperadas por causa da fome que as mulheres cozinhavam e comiam seus próprios filhos. Quando o rei Jorão culpou Eliseu pelo problema e veio matar Eliseu, o profeta prometeu de maneira despreocupada que no próximo dia o cerco acabaria e que a comida poderia ser comprada por um preço baixo.

Naquela noite, quatro leprosos sem teto que ficaram no portão da cidade concordaram que morrer no acampamento arameu não seria diferente do que morrer em Samaria, então decidiram tentar a sorte indo para o acampamento inimigo.

Quando chegaram lá, encontraram o acampamento abandonado. O Senhor fizera com que os arameus ouvissem os sons dos cavalos e das carruagens e fugiram deixando todos os suprimentos para trás. Os quatro leprosos encontraram comida em abundância e se serviram.

Como leprosos, eram excluídos mesmo dentro de sua própria cidade, abandonados por todos e deixados para morrer. Ao encontrarem esse grande baquete esperando nas tendas vazias, lembraram-se de que fazer o que era certo era mais importante do que fazer o que era justo.

Então disseram uns aos outros: "Não estamos agindo certo. Este é um dia de boas notícias, e não podemos ficar calados. Se esperarmos até o amanhecer, seremos castigados. Vamos imediatamente contar tudo no palácio do rei".[122]

---

[122] 2 Rs 7:9

Mais uma vez as palavras do profeta Eliseu toram-se realidade:

Aconteceu conforme o homem de Deus dissera ao rei: "Amanhã, por volta desta hora, na porta de Samaria, tanto uma medida de farinha como duas medidas de cevada serão vendidas por uma peça de prata".[123]

---

[123] 2 Rs 7:18

Jeoseba e Joiadá - Heróis da Fé de Atitude

2 Reis 11:1-3, 2 Crônicas 22:10-12

O Reino Dividido gerou muitas camadas complicadas de liderança tanto sobre Judá como sobre Israel. A principal diferença era que os reis de Judá eram descendentes diretos do rei Davi, enquanto os reis de Israel subiram ao trono com frequência devido às lutas pelo poder político.

A linhagem davídica de reis sobre Judá era primordial para a História do Grande Herói da Bíblia; Deus havia prometido que Davi teria um descendente eterno sobre o trono, o que foi cumprido em Jesus Cristo. Destruir essa linhagem faria com que as promessas de Deus fossem anuladas, Deus então levantou heróis para proteger a linhagem da família de Davi.

Muitos da casa de Davi eram maus e egoístas, matando outros membros da família para proteger suas próprias posições. Durante esse tempo, a malvada rainha mãe Atália tomou o controle sobre Judá e matou todos da casa de Davi que pôde encontrar.   Sobrou apenas um jovem garoto, Jóas.

A tia de Jóas, Jeoseba, escondeu o menino no templo com a ajuda de seu marido Joiadá, que era um sacerdote que servia no templo. O fiel casal manteve o jovem Jóas escondido por seis anos. Quando Jóas completou sete anos, Joiadá montou um exército contra Atália e ajudou a estabelecer o menino como rei.

Silenciosamente e nos bastidores, Jeoseba e Joiadá salvaram a esperança e a promessa de Israel.

O rei então tomou seu lugar no trono real. Todo o povo do daquela terra se alegrou, a cidade ficou calma, por que Atália tinha sido morta com a espada no palácio.[124]

---

[124] 2 Rs 11:19-20

Zacarias - Um Herói da Fé de Atitude

2 Crônicas 24:20-22, Lucas 11:51

O rei Joás trabalhou para consertar o templo de Deus e fez boas reformas em Judá. O fiel sacerdote Joiadá, que havia resgatado o rei Joás da morte, trabalhou diligentemente para estabelecer Joás como rei e manter Judá longe da idolatria.

Mas quando Joiadá morreu, o rei Joás foi desencaminhado pelo povo de Judá que queria adorar ídolos.

Deus levantou o filho de Joiadá, Zacarias, para levar a palavra de Deus a Judá. (Este Zacarias é outro Zacarias, não é aquele que escreveu o livro de Zacarias do Velho Testamento. O filho de Joiadá viveu muitos anos antes disso.)

E o Espírito de Deus revestiu a Zacarias, filho do sacerdote Joiada, o qual se pôs em pé acima do povo, e lhes disse: Assim diz Deus: Por que transgredis os mandamentos do Senhor, de modo que não possais prosperar? Porque deixastes ao Senhor, também ele vos deixará. "[125]

Zacarias, em grande fé e obediência a Deus, entregou uma mensagem que Judá não queria ouvir. Eles conspiraram contra ele e o apedrejaram até a morte no templo. O rei Joás tinha sido protegido e ajudado pelo pai de Zacarias, mas o rei pagou o serviço ora prestado com traição.

Zacarias foi um herói por causa de seu compromisso altruísta com Deus e seu confronto destemido com o rei Joás. Mas há mais em sua história heroica. O próprio Jesus mencionou-o como o último de uma longa lista de profetas que o povo de Deus havia assassinado: De Abel (em Gênesis) a Zacarias (em Crônicas, o último livro da Bíblia judaica).

Para que desta geração seja requerido o sangue de todos os

---

[125] 2 Cr 24:20

profetas que, desde a fundação do mundo, foi derramado; Desde o sangue de Abel, até ao sangue de Zacarias, que foi morto entre o altar e o templo; assim, vos digo, será requerido desta geração. assim, vos digo, será requerido desta geração.[126]

O Peixe de Jonas - Instrumento Heroico de Deus

---

[126] Lu 11:50-51

O Livro de Jonas, 2 Reis 14:23-28, Mateus 12:39-41

Jonas foi um profeta de Deus durante o Reino Dividido. Os mensageiros de Deus eram muitas vezes chamados para falarem a palavra de Deus a outras nações, e assim Jonas foi chamado para ir à grande cidade assíria de Nínive e confrontar a iniquidade daquele lugar.

É fácil imaginar um profeta de Deus como um homem "santo" que fielmente tinha em mente as coisas de Deus, mas esse nem sempre era caso. Um profeta era um instrumento que Deus usava para entregar Sua palavra, quer a pessoa fosse fiel ou não. Jonas decidiu ir na direção contrária. Em vez de viajar para o leste por terra até Nínive, ele subiu em um barco que seguia para o oeste, no Mar Mediterrâneo, para Társis.

Mas o Senhor queria que Jonas fosse a Nínive, não para outro lugar. O navio foi envolvido em uma tempestade furiosa, e todos os marinheiros rezaram para seus deuses pedindo segurança. Os homens lançaram sortes (jogaram dados) para descobrir quem era o responsável pela tempestade, e Jonas foi descoberto. Jonas pediu para que os homens o jogassem no mar.

Jonas pensava que a morte era um castigo adequado para sua desobediência, mas Deus não tinha ainda terminado com ele. Deus enviou outro herói, um peixe enorme, para salvar a vida de Jonas e salvar o povo de Nínive. Esse peixe, como a jumenta de Balaão, era o instrumento do Senhor, salvando a vida de um homem desobediente. Jonas ficou na barriga do peixe por três dias e três noites.

Naquele lugar frio e escuro, como uma cova, Jonas se arrependeu e confiou na provisão de Deus. O herói de Jonas, o peixe, mais uma vez obedeceu ao Senhor e o cuspiu. Jonas viajou para Nínive e pregou a palavra de Deus ao povo. Eles se arrependeram e Deus os perdoou. Jonas ficou zangado com Deus e confessou que fugiu porque sabia que Deus era compassivo. Jonas, o profeta indecente, queria ver Nínive queimar.

Então, de muitas maneiras, o peixe de Jonas foi mais heroico do que Jonas. O peixe de Jonas também serviu a outro propósito na História do Grande Herói de Deus. Os três dias de Jonas na cova de peixe serviria de sinal para os judeus como a tempo no qual Jesus estaria na sepultura antes de sua ressurreição.

Pois, como Jonas esteve três dias e três noites no ventre de um grande peixe, assim estará o Filho do homem três dias e três noites no seio da terra. Os ninivitas ressurgirão no juízo com esta geração, e a condenarão, porque se arrependeram com a pregação de Jonas. E eis que está aqui quem é maior do que Jonas.[127]

---

[127] Mt 12:39–41

Ezequias - Um Herói da Fé de Atitude

2 Reis 18-20, 2 Crônicas 29-32, Isaías 36-39

Durante o Reino Dividido a adoração ao Deus Jéova estava quase extinta. A onda de idolatria havia tomado conta de ambas as nações, mas o julgamento de Deus caiu primeiro sobre o Reino do Norte. Israel foi destruída pela Assíria em torno de 722 a.c, e a máquina de guerra dos assírios se preparava para cercar Jerusalém no Reino do Sul, Judá.

Durante este tempo o Rei Ezequias começou seu reinado. Ele derrubou os ídolos e restabeleceu a adoração a Deus no templo. Sob a sua liderança, Judá celebrou a Páscoa pela primeira vez depois de muito tempo.

E houve grande alegria em Jerusalém; porque desde os dias de Salomão, filho de Davi, rei de Israel, tal não houve em Jerusalém.[128]

O reinado de Ezequias foi marcado pela dedicação a Deus e confiança em Sua providência. A fé de Ezequias seria grandemente testada. Os assírios marcharam por Judá, rumo aos portões de Jerusalém e enviaram mensagens ameaçadoras: eles viriam e não seriam impedidos. Senaqueribe, rei da Assíria, questionou a débil confiança de Jerusalém em Deus.

Então o comandante levantou-se e gritou em hebraico: "Ouçam a palavra do grande rei, o rei da Assíria! ...Não deixem que Ezequias os engane. Ele não poderá livrá-los de minha mão. Não deixem Ezequias convencê-los a confiar no Senhor, quando diz: 'Com certeza o Senhor nos livrará; esta cidade não será entregue nas mãos do rei da Assíria'.[129]

Ezequias orou pedindo a libertação vinda de Deus e Deus respondeu. Judá venceu sem sequer lutar. O Anjo do Senhor

---

[128] 2 Cr 30:26

[129] 2 Rs 18:28-30

matou 185,000 soldados assírios. As outrora imparáveis forças assírias nunca mais foram uma ameaça.

De muitas maneiras, Ezequias era o rei que Judá precisava desde o princípio, um herói que sabia que o Senhor era sua força.

Ezequias confiava no Senhor, o Deus de Israel. Nunca houve ninguém como ele entre todos os reis de Judá, nem antes nem depois dele. Ele se apegou ao Senhor e não deixou de segui-lo; obedeceu aos mandamentos que o Senhor tinha dado a Moisés. E o Senhor estava com ele; era bem sucedido em tudo o que fazia.[130]

---

[130] 2 Rs 18:5-7

Josias - Um Herói da Fé de Atitude

2 Reis 22:1 - 23:30, 2 Crônicas 34 - 35

Depois que o Rei Ezequias morreu, mais dois reis malignos ocuparam o trono e selaram assim o destino de julgamento de Judá, porém, ainda, mais um rei bom reinaria sobre Judá antes do fim, Josias.

Josias, como o Rei Ezequias duas gerações antes dele, celebrou a Pascoa e restaurou o templo. Durante a restauração do templo, os sacerdotes acharam o Livro da Lei. Provavelmente eram os cinco primeiros livros do Velho Testamento ou talvez apenas o livro de Deuteronômio.

Quando o rei Josias ouviu a leitura do livro de Deus, ele pediu a uma profetisa chamada Hulda que explicasse o que significava. Ela respondeu que Deus traria sobre eles todos os desastres descritos no livro por causa da idolatria de Judá, mas isso não aconteceria durante o tempo de Josias devido à sua obediência fiel.

Ele leu o livro para toda Judá e renovou a aliança deles com Deus.

E o rei se pôs em pé junto à coluna, e fez a aliança perante o Senhor, para seguirem o Senhor, e guardarem os seus mandamentos, os seus testemunhos e os seus estatutos, com todo o coração e com toda a alma, confirmando as palavras desta aliança, que estavam escritas naquele livro; e todo o povo apoiou esta aliança. [131]

Josias começou seriamente a destruir a adoração a ídolos em Judá. Ele destruiu os "lugares altos" da nação - locais onde ídolos haviam sido postos e adorados por centenas de anos, desde quando os Reinos Divididos surgiram.

---

[131] 2 Rs 23:3

Mesmo o Senhor já tendo declarado que Judá seria destruída, o Rei Josias salvou a nação durante o tempo no qual reinou. Josias recebeu um elogio semelhante ao do rei Ezequias:

E antes dele não houve rei semelhante, que se convertesse ao Senhor com todo o seu coração, com toda a sua alma e com todas as suas forças, conforme toda a lei de Moisés; e depois dele nunca se levantou outro tal.[132]

---

[132] 2 Rs 23:25

Isaías e Jeremias - Heróis da Fé de Atitude

Os livros de Isaías e Jeremias

Isaías e Jeremias foram profetas por volta do fim dos Reinos Divididos.

- Isaías profetizou durante o tempo do Rei Ezequias.
- Jeremias ministrou posteriormente, durante o tempo do Rei Josias.

Os dois homens enfrentaram grandes dificuldades servindo ao Senhor, levando as palavras de Deus aos reis de Judá. Muitas vezes eles faziam coisas bizarras, vivendo como ilustrações da palavra de Deus. Isaías andou nu durante três anos.[133] À Jeremias foi dito que ele teria que usar um cinto de linho por um tempo e depois enterrá-lo. Um tempo depois foi dito a ele para desenterrar.[134]

Os dois homens foram perseguidos, contra ele se conspirou e eles foram ignorados. A mensagem do julgamento de Deus não foi bem recebida. Isaías ministrou durante o reinado de Ezequias, sendo assim, a sua palavra profética não continha tantas notícias más para Judá como as de Jeremias.

Jeremias apanhou, foi colocado no tronco, seus pergaminhos foram incinerados, foi preso, jogado em uma cisterna e levado para o Egito contra sua vontade. A tradição judaica registrou que Isaías foi serrado em dois pelo filho de Ezequias, Rei Manassés.[135]

Em meio a tudo isso, ambos os profetas ministraram esperança a

---

[133] Is 20:2-4

[134] Je 13:1-11

[135] Heb 11:37

respeito da restauração de Israel. Isaías profetizou que um Servo Sofredor viria e perdoaria os pecados das nações. (Isaías 53) Jeremias prometeu que Israel ficaria 70 anos na Babilônia e que o Senhor os traria de volta. (Jeremias) 25:1-14

Esses heróis fiéis na maioria das vezes foram ignorados pelo povo de Judá. Mesmo eles tentando resgatar a nação da destruição certa, o povo de Judá odiava os profetas de Deus.

E o Senhor Deus de seus pais, falou-lhes constantemente por intermédio dos mensageiros, porque se compadeceu do seu povo e da sua habitação. Eles, porém, zombaram dos mensageiros de Deus, e desprezaram as suas palavras, e mofaram dos seus profetas; até que o furor do Senhor tanto subiu contra o seu povo, que mais nenhum remédio houve.[136]

---

[136] 2 Cr 36:15-16

Oséias - Um Herói da Fé de Atitude

O livro de Oséias

Oséias foi um profeta no mesmo tempo de Isaías, seu ministério, porém foi muito diferente. Oséias deveria ser uma ilustração viva da idolatria que prevalecia tanto. Durante o ministério de Oséias, o Reino do Norte estava à beira da destruição, e o fim dos Reinos do Sul também não estava muito longe disso.

À Oséias foi dito que ele deveria casar-se com uma "mulher promíscua" e ter filhos com ela, "porque a terra certamente se prostitui, desviando-se do Senhor."[137]

Sua esposa Gomer deu à luz a três crianças, as quais tinham nomes proféticos representando o povo Hebreu. Uma criança foi chamada de "não amada", outra foi chamada de "não é o meu povo." A questão era que a idolatria de Israel e Judá era como se divorciar de Deus. Deus iria julgá-los e entregá-los às nações.

Gomer foi infiel a Oséias, então ele "a trouxe de volta" da prostituição. Mesmo Oséias sabendo que ela foi infiel, ele a resgatou e a trouxe de volta para casa como sua esposa. As ações de Oséias representavam o amor de Deus por seu povo, mesmo eles não tendo fé.

Poucos heróis bíblicos suportaram tais mistérios para demonstrar a inacreditável graça de Deus.

Eles tinham se tornado "não amados" e "não meu povo" por causa da idolatria, mas Deus os redimiu e os perdoou através de Jesus Cristo.

E semeá-la-ei para mim na terra, e compadecer-me-ei dela que não obteve misericórdia; e eu direi àquele que não era meu povo: Tu és meu povo; e ele dirá: Tu és meu Deus!" [138]

---

[137] Os 1:2

Ezequiel - Um Herói da Fé de Atitude

O livro de Ezequiel

Mesmo o Reino do Norte tendo caído em 733 a.C., o Reino do Sul durou até 605 a.c., quando os babilônios conquistaram o que sobrou da nação judaica. O Rei Nabucodonosor levou vários grupos de prisioneiros para a Babilônia e Ezequiel estava provavelmente entre um dos primeiros grupos. Ezequiel foi um profeta durante os primeiros anos do exílio babilônico de Judá, mas Jerusalém não foi completamente destruída quando os primeiros exilados foram levados.

Os exilados de Judá não acreditavam que sua amada cidade, Jerusalém, cairia. Eles não acreditavam na profecia de Jeremias de que o exílio duraria 70 anos. Grande parte do livro de Ezequiel é sobre a queda de Jerusalém. O povo de Judá não conseguia imaginar seu templo destruído e sua nação desenraizada.

A vida de Ezequiel, como a dos outros profetas, foi muito difícil. Ele enfrentou intensa oposição, e até mesmo suas ilustrações vivas foram uma dificuldade atrás da outra. Deus falou a Ezequiel e lhe disse que sua esposa morreria, e ele não deveria se lamentar nem ficar de luto.

A ilustração profetizou o que estava porvir. Assim como a esposa de Ezequiel era sua alegria e prazer, Jerusalém e o templo eram o regozijo do povo hebreu. Deus tiraria isso deles e eles ficaram tão atordoados que não se lamentariam.

E eu lhes respondi: "Esta palavra do Senhor veio a mim: Diga à nação de Israel: 'Assim diz o Soberano Senhor: Estou a ponto de profanar o meu santuário, a fortaleza de que vocês se orgulham, o prazer dos seus olhos, o objeto da sua afeição. Os filhos e as filhas que vocês deixaram lá, cairão pela espada... Não prantearão nem chorarão, mas irão consumir-se por causa de suas iniquidades e gemerão uns pelos outros. Ezequiel será um

[138] Os 2:23

98

sinal para vocês; vocês farão o que ele fez. Quando isso acontecer, vocês saberão que eu sou o Soberano Senhor'.[139]

Assim como outros profetas, Ezequiel também trouxe uma mensagem de esperança e restauração. O povo de Judá seria trazido de volta do exílio, porém eles encontrariam definitivamente sua regeneração no Senhor Jesus Cristo.

E daquele momento em diante o nome da cidade será: O SENHOR ESTÁ AQUI."[140]

---

[139] Ez 24:20-24

[140] Ez 48:35

Sadraque, Mesaque e Abednego - Heróis da Fé de Atitude

Daniel 3

Sadraque, Mesaque e Abednego eram amigos judeus de Daniel, trazidos com um dos primeiros grupos de exilados de Jerusalém para servir na corte real da Babilônia. Eles tinham sido elevados a posições de liderança junto com Daniel.

O rei Nabucodonosor realizou uma "convenção de lealdade" na Babilônia, onde todos os líderes provinciais foram convocados para mostrar sua devoção ao rei e ao país. A estrela da convenção era uma grande estátua de ouro, uma imagem representando o poder da Babilônia.

No momento combinado, todos os líderes provinciais deveriam curvar-se à imagem, provando sua lealdade ao rei Nabucodonosor. Aqueles que não se curvassem seriam considerados traidores e jogados em uma fornalha ardente.

Sadraque, Mesaque e Abednego tinham um firme compromisso com o Senhor e não se curvariam ao ídolo. Eles tiveram outra oportunidade de se curvarem, mas recusaram - proclamando algumas das mais ousadas e heroicas palavras de toda a Escritura:

"Ó Nabucodonosor, não precisamos defender-nos diante de ti. Se formos atirados na fornalha em chamas, o Deus a quem prestamos culto pode livrar-nos, e ele nos livrará das suas mãos, ó rei. Mas, se ele não nos livrar, saiba, ó rei, que não prestaremos culto aos seus deuses nem adoraremos a imagem de ouro que mandaste erguer".[141]

O rei ficou furioso e ordenou que a fornalha fosse superaquecida. Quando os homens fiéis foram jogados nela, até os guardas foram mortos devido ao calor intenso.

---

[141] Da 3:16-18

Mas O Herói estava com eles nas chamas. Nabucodonosor ficou chocado quando ele viu quatro homens no fogo, *"e o quarto parecia como um filho dos deuses."*[142]

Quando eles saíram, eles não estavam feridos nem queimados e suas roupas nem sequer cheiravam a fumaça. O próprio Deus salvou esses heróis.

Disse então Nabucodonosor: "Louvado seja o Deus de Sadraque, Mesaque e AbedNego, que enviou o seu anjo e livrou os seus servos! Eles confiaram nele, desafiaram a ordem do rei, preferindo abrir mão de suas vidas a que prestar culto e adorar a outro deus, que não fosse o seu próprio Deus.[143]

---

[142] Da 3:25

[143] Da 3:28

Daniel - Um Herói da Fé de Atitude

O livro de Daniel

Daniel, assim como Ezequiel, foi levado de Jerusalém em um dos primeiros grupos de exilados para a Babilônia.

Daniel resolveu não comprometer sua fé em Deus, mas foi testado desde o início. Daniel e seus jovens amigos judeus, Sadraque, Mesaque e Abednego, foram levados para uma espécie de escola de cultura babilônica, onde seriam treinados e educados em tudo que fosse babilônico. Daniel e seus amigos resolveram que não comeriam a comida do rei, e por isso negociaram sabiamente uma maneira de evitar se contaminarem.

Deus deu a Daniel a capacidade de interpretar sonhos e salvou a vida de todos os sábios da Babilônia descrevendo o sonho do rei Nabucodonosor e depois interpretando-o. Daniel recebeu um alto cargo na corte da Babilônia e tornou-se conselheiro do rei.

Anos mais tarde, o reino babilônico caiu para o reino persa, e Daniel recebeu novamente uma posição de liderança. Os outros oficiais tinham inveja de Daniel e encontraram uma maneira de armar uma cilada para Daniel e o Rei Dário.

Daniel orava três vezes ao dia em direção a Jerusalém em frente à sua janela aberta. Os invejosos oficiais da corte convenceram o Rei Dario a editar uma norma segundo a qual ninguém no reino estaria autorizado a orar a qualquer divindade, a não ser ao próprio rei por 30 dias. A penalidade pela desobediência era a morte: o acusado seria jogado em uma cova de leões. O Rei Dario assinou a norma e ela passou a vigorar, afetada pela lei dos Medas e dos Persas, o que significava que ela não poderia ser mais alterada.

Os oficiais rapidamente fizeram as acusações contra Daniel. Como esperado, ele orou para o seu Deus como ele sempre fazia. O Rei Dario percebeu que ele havia cometido um grande erro, mas a lei não poderia mais ser alterada.

Daniel foi lançado em uma cova de leões famintos: uma cova de morte e julgamento. No próximo dia, o Rei Dario veio até a cova dos leões e encontrou Daniel vivo!

O rei muito se alegrou e ordenou que tirassem Daniel da cova. Quando o tiraram da cova, viram que não havia nele nenhum ferimento, pois ele tinha confiado no seu Deus.[144]

Os oficiais enganosos receberam a punição que haviam feito Daniel sofrer. Eles foram jogados na cova e os leões "esmagaram todos os seus ossos."[145]

Esse foi um evento importante na história do povo judeu, pois esse Dario, também conhecido como Rei Ciro, era favorável aos judeus e os enviaria de volta para Jerusalém para reconstruir o templo.

Então o rei Dario escreveu aos homens de todas as nações, povos e línguas de toda a terra: "... "Estou editando um decreto para que nos domínios do império os homens temam e reverenciem o Deus de Daniel... Ele livra e salva; faz sinais e maravilhas nos céus e na terra. Ele livrou Daniel do poder dos leões".[146]

---

[144] Da 06:23

[145] Da 06:24

[146] Da 06:25-27

Rei Ciro - Um Herói da Fé de Atitude

Esdras 1:1, 2 Crônicas 36:22-23, Isaias 44:28-45:13, Daniel 6:28

Rei Ciro pode parecer um nome pouco familiar na Bíblia, mas foi um herói vital da Bíblia. O rei Ciro foi o rei persa que permitiu que os judeus voltassem para Jerusalém após o seu exílio na Babilônia.

Foi profetizado a respeito dele mais de 100 anos antes de seu nascimento. *Eu levantarei esse homem em minha retidão: Farei direitos todos os seus caminhos. Ele reconstruirá minha cidade e libertará os exilados... diz o Senhor dos Exércitos.'"[147]*

Deus prometeu que os judeus ficariam exilados por 70 anos, e então eles retornariam. O rei Ciro foi a pessoa que levou a promessa ao cumprimento. Ciro enviou de volta todos os vasos roubados do templo de Jerusalém e forneceu recursos para a reconstrução.

Ciro foi provavelmente o mesmo rei (chamado Dario em Daniel 6) que jogou Daniel na cova dos leões. Muitos governantes do mundo antigo tinham nomes diferentes que eram usados em diferentes reinos. Faz sentido que Dario e Ciro fossem o mesmo homem, pois, o rei Ciro deve ter conhecido o Deus dos judeus de um modo que o tornou favorável aos judeus.

Assim como o decreto do rei Dario foi para todo o mundo em Daniel 6, também o decreto do mesmo homem, do rei Ciro, foi para todo o mundo em Esdras 1.

No primeiro ano do reinado de Ciro, rei da Pérsia, a fim de que se cumprisse a palavra do Senhor falada por Jeremias, o Senhor despertou o coração de Ciro, rei da Pérsia, para redigir uma proclamação... "Assim diz Ciro, rei da Pérsia: "O Senhor, o Deus dos céus...designou-me para construir um templo para ele em Jerusalém de Judá. Qualquer do seu povo que esteja entre

---

[147] Is 45:13

vocês, que o seu Deus esteja com ele, e que vá a Jerusalém de Judá reconstruir o templo do Senhor, o Deus de Israel, o Deus que em Jerusalém tem a sua morada.[148]

---

[148] Esd 1:1-4

de Todd Cotton

Gabriel e Miguel - Heróis de Atitude de Caráter

Daniel 8:16-12:1, Lucas 1:11-38, Judas 9, Apocalipse 12:7

Pouco se sabe sobre os dois mais incríveis heróis da Bíblia, os anjos Gabriel e Miguel. Esses dois anjos são os únicos anjos que recebem nomes na Bíblia. Documentos judaicos antigos (fora da Escritura) chamam ambos de "Arcanjos", o que significa o mais alto grau de anjos, assim como Judas 9 relaciona Miguel.

O livro de Daniel menciona Gabriel e Miguel. Gabriel foi o anjo mensageiro. Gabriel trouxe a mensagem de Deus a Daniel e o ajudou a entender seu significado. Gabriel também trouxe as notícias a Zacarias e Maria sobre os nascimentos milagrosos de João Batista e Jesus Cristo no Novo Testamento.

Miguel foi o anjo guerreiro. Miguel lutou lado a lado com o Homem Divino (talvez o próprio Senhor) em Daniel 10 contra os poderes demoníacos cercando a Pérsia antiga. Miguel foi chamado de "príncipe"[149] de Daniel e *o grande príncipe que protege seu povo."[150]* Embora nada mais seja dito sobre isso na Bíblia, parece que Miguel era o anjo principal com a responsabilidade de proteger os israelitas. Como quase todas as páginas de Bíblia revelam, Miguel deve ter sido um anjo muito ocupado.

Judas 9 menciona Miguel lutando com o Satanás pelo corpo de Moisés após sua morte. O Livre do Apocalipse fala do anjo guerreiro lutando contra o Satanás e seus demônios:

Houve então uma guerra no céu. Miguel e seus anjos lutaram contra o dragão, e o dragão e os seus anjos revidaram.[151]

~~Como tão pouco se sabe so~~bre esses poderosos seres no reino

[149] Da 10:21

[150] Da 12:1

[151] Ap 12:7-8

106

espiritual, talvez eles sejam alguns dos heróis menos celebrados da Bíblia.

E, quanto aos anjos, diz: Faz dos seus anjos espíritos, E de seus ministros labaredas de fogo.[152]

---

[152] Heb 1:7

Esdras - Um Herói da Fé de Atitude

Esdras 7-10, Neemias 8:1 - 12:36

Esdras foi um sacerdote e um professor da Bíblia que liderou um grupo de exilados judeus no retorno da Babilônia. O livro que leva o seu nome não menciona ele até o capítulo sete. O rei da Pérsia, Artaxerxes enviou ele de volta bem provisionado e com a autoridade do rei.

Quando ele voltou, ele lidou com um sério problema de pecado: muitos homens de Israel haviam se casado com mulheres estrangeiras. Isso era significativo, pois casamentos mistos encorajavam a adoração a deuses estrangeiros o que levou os Judeus ao exílio anteriormente.

Esdras confessou os pecados da nação e depois chamou os israelitas ao arrependimento. Os Judeus voltaram da Babilônia sem um conhecimento factível sobre o Senhor que os libertou. Esdras levou os sacerdotes a ensinarem aos judeus o que a lei de Deus dizia.

Esdras e os outros sacerdotes leram a palavra de Deus e explicaram o significado.

E leram no livro, na lei de Deus; e declarando, e explicando o sentido, faziam que, lendo, se entendesse.[153]

Convencidos pela palavra de Deus, a fé dos Judeus em Deus foi restaurada e eles se comprometeram novamente com Deus. Eles celebraram as festas que Deus havia ordenado. Eles encontraram alegria e liberdade, pois a palavra de Deus restaurou sua fé morta.

Esdras liderou o povo enquanto eles reconstruíam o templo e ajudou Neemias nos trabalhos de reconstrução das muralhas de Jerusalém. Quando terminaram o trabalho, eles dedicaram a

---

[153] Ne 8:78

cidade a Deus. Esdras era o homem liderando a procissão de alegres adoradores pela cidade.

E, de dia em dia, Esdras leu no livro da lei de Deus...[154]

---

[154] Ne 8:18

Neemias - Um Herói da Fé de Atitude

Livro de Neemias

Neemias chegou a Jerusalém alguns anos depois de Esdras. Ele era um servo do rei Artaxerxes na Pérsia, que viu o rosto triste de Neemias e perguntou o que o deixara tão abatido. Neemias contou ao rei sua preocupação com Jerusalém. Ele perguntou ao rei se ele poderia ir reparar as muralhas e restaurar sua cidade.

O rei graciosamente concordou e Neemias retornou para Jerusalém como governador para supervisionar a reconstrução das muralhas. Os moradores dos arredores de Jerusalém zombaram dos judeus e de Neemias e ameaçaram atacar Judá. Sob a liderança de Neemias, os judeus organizaram-se como trabalhadores e guardas armados.

Daquele dia em diante, enquanto a metade dos meus homens fazia o trabalho, a outra metade permanecia armada de lanças, escudos, arcos e couraças. Os oficiais davam apoio a todo o povo de Judá que estava construindo o muro. Aqueles que transportavam material faziam o trabalho com uma mão e com a outra seguravam uma arma, e cada um dos construtores trazia na cintura uma espada enquanto trabalhava;...[155]

A liderança de servos de Neemias garantiu que os pobres de Judá não fossem maltratados. Os nobres escravizaram os Judeu empobrecidos, cobrando juros de suas dívidas de grãos. Neemias os confrontou e impediu tal prática. Ele graciosamente dividiu suas provisões de governador com o povo endividado.

O tempo de liderança de Neemias se tratou de superar um obstáculo após o outro, o que incluía a pecaminosidade do povo. Junto com Esdras, Neemias liderou a nação à restauração de sua fé no Senhor. Depois de um curto tempo na Pérsia, Neemias continuou seu papel de governador em Jerusalém.

---

[155] Ne 4:16-18

Como um líder e um herói, Neemias sabia de onde vinha a sabedoria e a força:

E Neemias acrescentou: "Podem sair, e comam e bebam do melhor que tiverem, e repartam com os que nada têm preparado. Este dia é consagrado ao nosso Senhor. Não se entristeçam, porque a alegria do Senhor os fortalecerá". [156]

---

[156] Ne 08:10

Mordecai - Um Herói da Fé de Atitude

O livro de Ester

Após o fim do exílio babilônico, muitos Judeus voltaram quando o rei Ciro da Pérsia conquistou a Babilônia, porém alguns continuaram na Pérsia.

Um desses Judeus vivendo na Pérsia era Mordecai. Mordecai cuidava de sua jovem prima Ester por que seus pais haviam falecido. Seu cuidado por Ester era heroico o suficiente, mas as ações heroicas de Mordecai também ajudariam a salvar o povo judeu da destruição.

Mordecai permaneceu conselheiro de Ester mesmo após ela ter se tornado a rainha da Pérsia. Mordecai era o tipo de homem que assistia aos acontecimentos direto no portão do rei. Um dia, ele ouviu dois guardas conspirando para assassinar o rei. Mordecai revelou a trama a Ester, que então relatou o acontecido. Naquela época, Mordecai não recebeu nenhuma recompensa ou agradecimento.

Mordecai sentou-se aos portões do rei, mas não se ajoelhou e homenageou o malvado Hamã, um oficial próximo ao rei com altas honrarias. Hamã ficou tão enfurecido com Mordecai que manipulou o rei para que assinasse um decreto segundo o qual todo o povo judeu em todo o império persa deveria ser abatido.

Mordecai, sempre um homem de compaixão e atitude, foi para à única pessoa que ele sabia que poderia salvar os judeus: sua adorável prima Ester. Ele recorreu a ela para que ela se aproximasse ao rei, mesmo que ninguém fosse autorizado a vir ao rei sem ser convidado. A fé de Mordecai na providência de Deus significava que o seu chamado para Ester era um chamado para confiar no Senhor. Mordecai disse para Ester:

"Não pense que pelo fato de estar no palácio do rei, de todos os judeus só você escapará, pois, se você ficar calada nesta hora, socorro e livramento surgirão de outra parte para os judeus, mas

você e a família de seu pai morrerão. Quem sabe se não foi para um momento como este que você chegou à posição de rainha?"[157]

---

[157] Et 4:12-14

Ester - Uma Heroína da Fé de Atitude

O livro de Ester

Ester é provavelmente a heroína bíblica mais conhecida. A vida de Ester não foi fácil. Seus pais judeus morreram quando ela era jovem, então seu primo Mordecai cuidou dela. Quando Ester cresceu, ela foi forçada a se tornar a Rainha da Pérsia porque ganhou um "concurso de beleza" ao qual ela não se voluntariou. Ela foi feita a rainha do rei Xerxes, que tinha um histórico de se livrar de rainhas que o desagradavam.

Ela vivia em uma cultura sem deus na qual mulheres eram usadas para favores sexuais e não se pensava duas vezes antes de trocar de mulher.

Ester venceu o concurso de beleza e tornou-se rainha, mas estava obrigada a cumprir os costumes da corte real; ela só era autorizada a ver o rei quando convocada. Depois que o plano de Hamã para eliminar os judeus estava pronto, Mordecai implorou a Ester que fosse ao rei. Ela sabia que a morte era uma possibilidade se o rei não estendesse seu cetro de ouro; um sinal de que o rei recebeu o convidado espontâneo com graça.

Ester procurou a graça e o favor de Deus enquanto se preparava para se aproximar do rei:

"Vá reunir todos os judeus que estão em Susã, e jejuem em meu favor. Não comam nem bebam durante três dias e três noites. Eu e minhas criadas jejuaremos como vocês. Depois disso irei ao rei, ainda que seja contra a lei. Se eu tiver que morrer, morrerei".[158]

Ester corajosamente foi ao rei, vestida com suas belas roupas de realeza, e o rei então estendeu seu cetro. Ester mostrou a sagaz sabedoria de seu guardião Mordecai; ela bateu os cílios, piscando os olhos e convidou o rei e Hamã para um banquete. Durante o jantar, ela convidou os dois para outro banquete no dia seguinte.

---

[158] Et 4:16

Hamã pensou que ele seria ainda mais honrado, porém no banquete, Ester deixou cair a bomba no rei Xerxes: Hamã planejou matar todos os judeus, inclusive ela. O rei ordenou que Hamã fosse empalado em um poste, o mesmo poste que Hamã havia preparado para Mordecai. A ousadia e sabedoria de Ester salvaram a nação judaica da destruição.

Falou mais Ester perante o rei, e se lhe lançou aos seus pés; e chorou, e lhe suplicou que revogasse a maldade de Hamã, o agagita, e o intento que tinha projetado contra os judeus. E estendeu o rei para Ester o cetro de ouro. Então Ester se levantou, e pôs-se em pé perante o rei,[159]

---

[159] Et 8:3-4

Zacarias e Isabel - Heróis da Fé

Lucas 1:5-80

A passagem de Malaquias até Mateus durou 400 anos e muitas mudanças dramáticas na cultura e na política do povo judeu ocorreram. Os romanos dominavam o cenário agora e não havia surgido um profeta desde a época de Neemias. O rei fantoche, Herodes, governou a Judéia durante esse tempo, quando os judeus adoravam em um templo recém-construído em Jerusalém.

Zacarias era um sacerdote que servia no templo, cuja esposa, Isabel, era estéril. Eles já estavam ambos envelhecidos e haviam passado da idade fértil. Quando Zacarias foi escolhido para entrar no templo e queimar incenso, o anjo Gabriel apareceu para ele. Gabriel disse a Zacarias que Isabel daria à luz um filho que ficaria cheio do Espírito Santo desde o ventre de sua mãe. Eles deveriam chamá-lo de João, o que significa "o Senhor mostrou favor".

Como já era idoso, Zacarias ficou inseguro a respeito disso, mas Gabriel o tranquilizou mesmo quando ele gentilmente puniu a descrença temporária de Zacarias:

E, respondendo o anjo, disse-lhe: Eu sou Gabriel, que assisto diante de Deus, e fui enviado a falar-te e dar-te estas alegres novas. E eis que ficarás mudo, e não poderás falar até ao dia em que estas coisas aconteçam; porquanto não creste nas minhas palavras, que a seu tempo se hão de cumprir.[160]

Quando ele foi para casa, Isabel engravidou. Ela deu todo o crédito ao Senhor, pois ela era estéril. Chegou a hora do bebê nascer e Isabel disse que o nome do menino seria João. Os parentes não concordaram, pois não havia ninguém na família com aquele nome. Eles recorreram ao já idoso Zacarias, que estava surdo e mudo. Zacarias escreveu, "Seu nome é João."[161] A

---

[160] Lc 1:19-20

voz e a audição de Zacarias voltaram e ele louvou a Deus.

Todos os parentes e vizinhos viram a cura milagrosa imediata de Zacarias e ficaram maravilhados.

E veio temor sobre todos os seus vizinhos, e em todas as montanhas da Judéia foram divulgadas todas estas coisas.

E todos os que as ouviam as conservavam em seus corações, dizendo: Quem será, pois, este menino? E a mão do Senhor estava com ele.[162]

---

[161] Lc 1:63

[162] Lc 1:65-66

Maria, a Mãe de Jesus - Uma Heroína da Fé

Lucas 1:26-51

Maria foi uma mulher humilde de condições humildes e descendente do rei Davi.

Ela estava noiva e se casaria com José, também um descendente do rei Davi. Na cultura judaica do primeiro século, um noivado era tão sério quanto um casamento e a infidelidade podia ser punida com o apedrejamento.

O anjo Gabriel veio até Maria e contou a ela as boas novas:

Disse-lhe, então, o anjo: Maria, não temas, porque achaste graça diante de Deus. E eis que em teu ventre conceberás e darás à luz um filho, e pôr-lhe-ás o nome de Jesus. Este será grande, e será chamado filho do Altíssimo; e o Senhor Deus lhe dará o trono de Davi, seu pai; E reinará eternamente na casa de Jacó, e o seu reino não terá fim.[163]

Gabriel explicou que a criança seria concebida do Espírito Santo; Ele seria Deus e humano ao mesmo tempo. Embora a mensagem de Gabriel para Maria fosse uma boa notícia, também significava que Maria suportaria grandes dificuldades. Quando José descobriu que Maria estava grávida, ele pretendia divorciar-se dela em vez de fazer acusações públicas de infidelidade contra ela.

O Senhor interveio junto a José, e eles então se casaram. Quando chegou a hora de Jesus nascer, um censo romano exigiu que os judeus voltassem para suas cidades natais. José levou Maria de Nazaré a Belém, o antigo local de origem do rei Davi.

Enquanto estava em Belém, chegou a hora de Maria dar à luz. Por causa do censo, todas as hospedarias estavam cheias, e não foi encontrado nenhum quarto para Maria dar à luz a seu bebê.

---

[163] Lc 1:30-33

Jesus nasceu em um estábulo (talvez um abrigo parecido com uma caverna) que abrigava animais e foi colocado em uma manjedoura.

A heroína Maria era uma mãe amável, que eventualmente veria seu filho, O Herói, ser crucificado em uma cruz romana.

Mas Maria guardava todas estas coisas, conferindo-as em seu coração.[164]

---

[164] Lc 2:19

José, o Pai terreno de Jesus - Um Herói da Fé de Atitude

Mateus 1:18-2:15

José foi o pai terreno de Jesus. O papel heroico de José foi proteger e vigiar o menino Jesus. Quando ele descobriu que Maria estava grávida, ele pretendeu se divorciar silenciosamente dela porque ele era "fiel", o que significa que José era um homem justo e íntegro. Poucas pessoas na Bíblia tem uma descrição assim.

José não era apenas um homem justo, ele era também um bom marido para Maria e um especialista em logística. Ele transportou Maria altamente grávida, por 110 km de Nazaré até Belém, e ainda encontrou um lugar para ela ter um bebê.

Após o nascimento de Jesus, o rei Herodes soube do seu nascimento através da visita dos magos. Herodes era um rei mau e invejoso que planejou eliminar o menino Jesus matando todos os bebês de Belém. Um anjo avisou a José em um sonho para levar a criança e fugir para o Egito.

José foi um homem de rápida e decisiva obediência. Naquela mesma noite, ele pegou Maria e Jesus e começou sua viagem para o Egito. Anos depois, José os levaria do Egito para Nazaré, completando assim a rota circular que José e Maria iniciaram antes de Jesus nascer.

José é a única outra pessoa no Novo Testamento chamada de "Filho de Davi", além do próprio Jesus. Em tempos diferentes, José poderia ter sido um rei bom e justo. Mas Deus tinha um chamado diferente para esse humilde herói: proteger O Herói, durante a infância, de vários perigos.

"José, filho de Davi, não tema receber Maria como sua esposa, pois o que nela foi gerado procede do Espírito Santo. Ela dará à luz um filho, e você deverá dar-lhe o nome de Jesus, porque ele salvará o seu povo dos seus pecados".[165]

---

[165] Mt 01:20-21

Simeão e Ana - Heróis da Fé

Lucas 2:25-38

Simeão e Ana eram judeus idosos que viram o menino Jesus quando ele foi levado ao templo. Para cumprir a lei de Moisés, um primogênito deveria ser consagrado a Deus mediante um sacrifício. Quando José e Maria foram ao templo, tanto Simeão quanto Ana os encontraram e proferiram palavras de bênção e profecia.

Simeão era *"íntegro e temente a Deus. Ele estava esperando a consolação de Israel; e o Espírito Santo estava sobre ele.*[166] O Espírito Santo dissera a Simeão que ele não morreria antes de ter visto o prometido Messias. "Esperar o consolo de Israel" significava que ele estava ansioso para ver como Deus redimiria Israel da escravidão.

Guiado pelo Espírito de Deus, Simeão foi ao templo e encontrou Jesus com seus pais. Ele segurou a criança com cuidado e reverência, reconhecendo que Deus cumpriu sua promessa a Israel e a si mesmo. Talvez Simeão não tenha entendido tudo o que Jesus faria, mas ele viu o Messias do Senhor como uma bênção para todas as nações.

Mas mesmo com a alegria de ver as promessas de Deus cumpridas, Simeão olhou para Maria e falou palavras proféticas sombrias para ela:

"Este menino está destinado a causar a queda e o soerguimento de muitos em Israel, e a ser um sinal de contradição, de modo que o pensamento de muitos corações será revelado. Quanto a você, uma espada atravessará a sua alma".[167]

---

[166] Lc 2:25

[167] Lc 2:34-35

Essas palavras se cumpririam quando Maria viu a execução de seu filho na cruz.

Anna era uma profetisa que passou sua velhice jejuando e orando no templo. Assim como Simeão, ela estava procurando pela redenção da nação por Deus e viu que essa criança era o Messias prometido.

E sobrevindo na mesma hora, ela dava graças a Deus, e falava dele a todos os que esperavam a redenção em Jerusalém.[168]

---

[168] Lc 2:38

Os Magos - Heróis da Fé de Atitude

Mateus 2

Os Magos foram homens que viajaram do Oriente até Jerusalém para ver o menino Jesus. A palavra "Magos" representava uma poderosa tribo de líderes religiosos e políticos do mundo oriental. Alguns acreditam que os Magos datam do tempo de Abraão. Daniel era provavelmente um dos chefes dos magos da Babilônia.

Os Magos estavam talvez no auge de sua influência na antiga Pérsia, que conquistou a Babilônia. Antes do tempo de Cristo, durante o Império Romano, os Magos ainda eram poderosos no Oriente, e eles também eram conhecidos como os "fazedores de reis".

Quando chegaram ao rei Herodes, à procura do "rei dos judeus" nascido, por causa dos sinais no céu, Herodes ficou perturbado. Ele chamou os estudiosos da Bíblia, os juntou, e perguntou onde o Messias deveria nascer. Eles consultaram seus pergaminhos do profeta Miquéias que dizia que o Messias deveria nascer em Belém.[169]

Herodes, com todo o esmero de um habilidoso manipulador, enviou os Magos a Belém para procurar o rei recém-nascido. Eles foram a Belém e encontraram Jesus e seus pais. Isso aconteceu talvez um ano após o nascimento de Jesus, então os magos o encontraram em uma casa, não na manjedoura como os pastores.

Eles presentearam Jesus com presentes estranhos para um bebê. Deram-lhe ouro digno de um rei e incenso, usado pelos sacerdotes em ofertas a Deus. Finalmente, eles deram a Jesus mirra, uma fragrância usada para preparar um corpo para o sepultamento. Mesmo desde o nascimento de Jesus, Ele estava sendo preparado para morrer.

---

[169] Miquéias 5:2

Depois disso, o Senhor advertiu os magos em um sonho a não retornarem ao rei Herodes, e assim os heróis fiéis voltaram para o seu lar sem relatar a descoberta do verdadeiro "Rei dos Judeus".

E, tendo eles ouvido o rei, partiram; e eis que a estrela, que tinham visto no oriente, ia adiante deles, até que, chegando, se deteve sobre o lugar onde estava o menino. E, vendo eles a estrela, regoziram-se muito com grande alegria.[170]

---

[170] Mt 2:9-10

João Batista - Um Herói da Fé de Atitude

Mateus 3:1-17, João 1:6-42, João 3:22-30

João, filho de Zacarias e Isabel, cresceu e começou seu ministério no deserto da Judéia. Seu trabalho era ser o precursor do Messias; para preparar o caminho chamando o povo judeu ao arrependimento. Ele foi chamado de "Batista" porque batizava as pessoas no rio Jordão ao confessarem seus pecados.

O batismo de João era um sinal de purificação e arrependimento, mas João sabia que essa não era a palavra final:

E eu, em verdade, vos batizo com água, para o arrependimento; mas aquele que vem após mim é mais poderoso do que eu; cujas alparcas não sou digno de levar; ele vos batizará com o Espírito Santo, e com fogo.[171]

Os líderes judeus tentaram descobrir quem João afirmava ser, mas nenhuma de suas respostas fazia sentido para eles. Ele parecia assumir o papel de profeta, mas esse profeta era muito diferente de qualquer outro profeta anterior a ele. A mensagem de João era simples, "Arrependei-vos, porque é chegado o reino dos céus."[172]

O trabalho de João era levar as pessoas ao Messias sobre o qual profetas haviam profetizado.

Então o Messias veio até ele. Jesus foi até João e pediu para ser batizado. Jesus não tinha pecados, então Ele não precisava se arrepender de pecados. Ele precisava ser batizado para se tornar um com os pecadores, apontando assim para a cruz, onde ele então levaria sobre si o castigo de todos os pecadores do mundo.

---

[171] Mt 3:11

[172] Mt 3:2

João era um herói humilde, cujo único propósito era magnificar o Senhor Jesus. Quando Jesus começou seu ministério, os discípulos de João reclamaram que as pessoas iam até Jesus para serem batizados. Eles estavam preocupados que João perdesse a atenção que havia recebido.

A isso João respondeu: "Uma pessoa só pode receber o que lhe é dado do céu.

Vocês mesmos são testemunhas de que eu disse: Eu não sou o Cristo, mas sou aquele que foi enviado adiante dele. A noiva pertence ao noivo. O amigo que presta serviço ao noivo e que o atende e o ouve, enche-se de alegria quando ouve a voz do noivo. Esta é a minha alegria, que agora se completa. É necessário que ele cresça e que eu diminua.[173]

---

[173] Jo 3:27-30

Jesus de Nazaré - Um Herói da Fé, de Atitude e Caráter

Gênesis 1 - Apocalipse 22

Jesus é o Verdadeiro Herói. Sua história é A História para qual todas as outras histórias contribuem.

O Antigo Testamento aponta para Ele, e o Novo Testamento revela o que Ele fez. O heroísmo absoluto de Jesus o levou a cruz, onde ele pagou pela punição de todos os pecadores.

Cada sacrifício feito no templo judaico lembrava os pecados: uma demonstração sangrenta de que o pecado exigia justiça de um Deus Santo. O problema humano desde a queda de Adão foi a falta de integridade: ninguém podia se apresentar diante de um Deus perfeitamente santo, e por isso todos mereciam a pena de morte.

Jesus de Nazaré sempre foi visto como um professor de sabedoria e de como se deve viver corretamente: um exemplo para a humanidade de como o homem perfeito deveria ser. E de fato Jesus foi isso, mas isso foi apenas uma parte da história.

Jesus foi e permanece sendo, O Herói dos heróis. O próprio Jesus disse, *"Ninguém tem maior amor do que este, de dar alguém a sua vida pelos seus amigos."*[174] Ninguém negaria que este é o coração de um herói. Mas Jesus fez o que ninguém mais na história jamais fez: Ele deu a própria vida por seus inimigos.

Mas Deus demonstra o seu amor por nós: Cristo morreu em nosso favor quando ainda éramos pecadores... Se quando éramos inimigos de Deus fomos reconciliados com ele mediante a morte de seu Filho, quanto mais agora, tendo sido reconciliados, seremos salvos por sua vida![175]

C.S. Lewis argumentou que Jesus só pode ser considerado um

[174] Jo 15:13

[175] Ro 5:8-11

mentiroso, um lunático ou o Senhor.[176] As reivindicações de Jesus, apoiadas por sua morte sacrificial e ressurreição, exigem uma escolha entre os três; Não há meio termo.

Jesus foi um professor de boa moral e foi o exemplo perfeito de como se deve viver, mas mais que isso, ele era o substituto dos pecadores. Nessa "Grande Troca", Jesus tornou-se pecado por nós, no nosso lugar, para que pudéssemos ser íntegros diante de Deus.[177]

Graças a Deus, O Herói não permaneceu morto. Ele ressuscitou para provar assim seu status de Salvador sem pecado e Herói de toda eternidade.

Mas agora ele apareceu uma vez por todas no fim dos tempos, para aniquilar o pecado mediante o sacrifício de si mesmo. Da mesma forma, como o homem está destinado a morrer uma só vez e depois disso enfrentar o juízo, assim também Cristo foi oferecido em sacrifício uma única vez, para tirar os pecados de muitos; e aparecerá segunda vez, não para tirar o pecado, mas para trazer salvação aos que o aguardam.[178]

---

[176] C.S. Lewis, Mere Christianity (London: HarperCollins, 1952), 54-56.
[177] 2 Co 5:21

[178] Heb 9:26-28

André - Um Herói da Fé de Atitude

João 1:35-42

Uma das primeiras coisas que Jesus fez quando começou seu ministério foi escolher 12 homens que o seguiriam. Esses homens eram chamados de "discípulos"; eles eram aprendizes e seguidores de Jesus. Esses homens seriam mais tarde conhecidos como os "apóstolos": líderes da igreja primitiva e autores dos livros que conhecemos como o Novo Testamento.

Os quatro Evangelhos, Mateus, Marcos, Lucas e João foram testemunhas oculares da vida e dos ensinamentos de Jesus. Os Discípulos foram personagens-chave nos quatro Evangelhos. Eles principalmente andavam com Jesus e faziam perguntas, mas eles tinham ocasionalmente momentos heroicos de fé e obediência.

O primeiro a ser mencionado pelo nome foi André. André foi um discípulo de João Batista, cujo a atenção voltou-se para Jesus quando João falou sobre Jesus: "Vejam! É o Cordeiro de Deus"[179] Embora André não fosse um dos discípulos mais conhecidos, sua primeira atitude pode ter sido uma das mais importantes para ele.

O irmão de André era Pedro. Os dois eram pescadores que trabalhavam no Mar da Galileia, perto da cidade natal de Jesus, Nazaré. A primeira coisa que André fez foi ir até seu irmão, "Achamos o Messias."[180] Em outras palavras, a fé de André em Jesus como Messias enviado por Deus ficou estabelecida desde o princípio.

Pedro ouviu as palavras de seu irmão e seguiu Jesus. Logo depois disso, Jesus chamou os dois de seus barcos de pesca.

Andando à beira do mar da Galileia, Jesus viu dois irmãos:

---

[179] Jo 1:36

[180] Jo 1:41

Simão, chamado Pedro, e seu irmão André. Eles estavam lançando redes ao mar, pois eram pescadores. E disse Jesus: "Sigam-me, e eu os farei pescadores de homens". No mesmo instante eles deixaram as suas redes e o seguiram.[181]

---

[181] Mt 4:18-20

Pedro - Um Herói da Fé de Atitude

Os quatro Evangelhos, Atos 1-15, 1 & 2 Pedro

Pedro foi o mais proeminente e ativo dos 12 discípulos de Jesus. Ele teve alguns dos maiores momentos e também os piores fracassos de todos os discípulos.

Foi Pedro que saiu do barco no mar da Galileia em direção a Jesus, andando sobre as águas. Ele tinha grande fé em Jesus até que ele olhou para o mar feroz e começou a afundar.

Quando Jesus perguntou aos discípulos o que eles acreditavam a seu respeito, Pedro respondeu com grande fé: *Tu és o Cristo, o Filho do Deus vivo".*[182] A confissão de Pedro sobre Jesus foi tão sólida que Jesus disse que Sua igreja seria construída sobre a rocha da confissão de Pedro: um jogo de palavras, porque o nome de Pedro significa "rocha". Mas apenas alguns versos depois, depois que Jesus explicou que os líderes judeus deviam matá-lo, Pedro repreendeu Jesus, insistindo que aquelas coisas horríveis nunca aconteceriam!

Na última ceia, quando Jesus contou novamente sobre sua morte iminente, Pedro prometeu ficar com Jesus até o fim. Quando Jesus foi preso mais tarde naquela noite, Pedro atingiu um dos servos com uma espada. Mas quando Pedro foi perguntado se ele conhecia Jesus, ele negou o Senhor.

Depois da ressurreição de Jesus, Jesus restaurou Pedro, que se tornou um dos líderes indiscutíveis da igreja primitiva. Ele pregou a primeira mensagem do evangelho no dia de Pentecostes e foi chamado de "pilar" da igreja.[183]

~~Pedro escreveu as cartas de~~ Primeiro e Segunda Pedro, e ele foi

[182] Mt 16:16

[183] Gl 2:9

a testemunha ocular do Evangelho de Marcos.

Embora a jornada de fé de Pedro tivesse muitos altos e baixos, o herói Pedro terminou sua corrida no caminho certo. A história da igreja registrou que Pedro foi crucificado por Nero em Roma por causa de sua fé em Jesus. Não querendo morrer da mesma maneira que o Senhor, Pedro pediu para ser crucificado de cabeça para baixo.

Digo-lhe a verdade: Quando você era mais jovem, vestia-se e ia para onde queria; mas quando for velho, estenderá as mãos e outra pessoa o vestirá e o levará para onde você não deseja ir". Jesus disse isso para indicar o tipo de morte com a qual Pedro iria glorificar a Deus. E então lhe disse: "Siga-me!"[184]

---

[184] Jo 21:18-19

Tiago - Um Herói da Fé de Atitude

Os quatro Evangelhos, Atos 12:2

Além de André e Pedro, Jesus também chamou mais dois pescadores de irmãos: Tiago e João. Eles trabalhavam no Mar da Galiléia com seu pai, Zebedeu. Pedro, Tiago e João tornaram-se o grupo principal dos 12 discípulos. Jesus muitas vezes levou esses três onde os outros discípulos não puderam ir.

Somente estes três foram autorizados a entrar na casa de Jairo para ver uma jovem ser ressuscitada.[185] Jesus só levou Pedro, Tiago e João para a montanha onde Jesus foi visto em reluzente glória, junto com Moisés e Elias. Jesus trouxe apenas esses homens com ele para orar no jardim do Getsêmani na noite em que foi preso.

Tiago e João eram conhecidos como homens corajosos e impetuosos que não tinham medo de fazer ouvir suas vozes. Jesus deu a eles um apelido: "os filhos do trovão".[186] Talvez Jesus tenha lhes dado esse nome porque perguntaram a Jesus se poderiam invocar fogo dos céus para destruir uma cidade samaritana que não recebeu Jesus. Quase se podia imaginar Jesus revirando os olhos ao dispensar a sugestão ridícula deles.[187]

Em outra ocasião, Tiago e João corajosamente pediram a Jesus para sentarem à direita e à esquerda de Jesus em Seu reino. Eles estavam pedindo para serem a "sua mão direita", os principais oficiais. Eles pensavam que Jesus iria estabelecer um reino terrestre com uma rede de autoridades dominantes, e eles queriam posições de topo.

"Vocês não sabem o que estão pedindo", disse Jesus. Podem

---

[185] Mc 5:37

[186] Mc 3:17

[187] Lc 9:54-55

vocês beber o cálice que eu estou bebendo ou ser batizados com o batismo com que estou sendo batizado?"[188] Jesus quis dizer: vocês estão dispostos a sofrerem o que eu vou sofrer?

Depois da morte e ressurreição de Jesus, tudo mudou para os discípulos. Não mais clamavam por posições de poder, mas aceitavam corajosamente a perseguição que vinha com a sua proclamação de Jesus Cristo. Tiago, o discípulo e filho de Zebedeu, seria o primeiro dos heroicos discípulos a ser martirizado por Jesus.

E por aquele mesmo tempo o rei Herodes estendeu as mãos sobre alguns da igreja, para os maltratar; E matou à espada Tiago, irmão de João.[189]

---

[188] Mc 10:38

[189] At 12:1-2

João - Um Herói da Fé de Atitude

Os quatro Evangelhos, 1, 2 & 3 João, Apocalipse

João, o irmão de Tiago e filho de Zebedeu, foi quase sempre mencionado junto com seu irmão nos Evangelhos. Junto com Tiago, ele era um "filho do trovão"; audacioso, ousado e autossuficiente. João queria o status de "mão direita" de Jesus.

João tornou-se um homem diferente depois da ressurreição de Jesus e da fundação da igreja. Ele encontrou um amor heroico e humildade para com Cristo e aqueles ao seu redor. O Evangelho de João foi o testemunho ocular de João sobre Jesus, mas ele nunca mencionou seu próprio nome no livro.

Em vez disso, ele se chamou "o discípulo a quem Jesus amava". Talvez essa humildade tenha começado com a crucificação de Jesus. João foi o único discípulo a ficar e assistir. Quando a vida de Jesus se foi, o Senhor colocou sua querida mãe sob os cuidados de João, o filho de Zebedeu.

Ora Jesus, vendo ali sua mãe, e que o discípulo a quem ele amava estava presente, disse a sua mãe: Mulher, eis aí o teu filho. Depois disse ao discípulo: Eis aí tua mãe. E desde aquela hora o discípulo a recebeu em sua casa.[190]

As três cartas curtas de João para as igrejas estão repletas da humildade amorosa que vem da experiência direta de receber o amor gracioso de Jesus. O "Filho do Trovão" tornou-se "O Discípulo a quem Jesus Amava".

João viveu mais do que qualquer outro discípulo, e a história da igreja registra que os últimos anos de João foram gastos pregando em Éfeso, na Ásia Menor. De lá, João foi exilado para uma ilha chamada Patmos, onde recebeu a mais pitoresca profecia do Novo Testamento, o livro do Apocalipse. De fato, o herói João e seu irmão beberam a "taça do sofrimento" que Jesus

---

[190] Jo 19:26-27

bebeu; eles experimentaram o "batismo de sofrimento" junto com Jesus.

Eu, João, que também sou vosso irmão, e companheiro na aflição, e no reino, e paciência de Jesus Cristo, estava na ilha chamada Patmos, por causa da palavra de Deus, e pelo testemunho de Jesus Cristo.[191]

---

[191] Ap 1:9

Filipe e Natanael - Heróis da Fé de Atitude

Os quatro Evangelhos, João 1:43-50

Mais dois discípulos de Jesus foram Filipe e Natanael. Filipe era da mesma cidade que André e Pedro, então eles provavelmente se conheciam. Jesus viu Filipe e disse: "Siga-me". Filipe obedeceu com fé. E não ficou satisfeito em só guardar isso para si mesmo, Filipe achou Natanael, e disse-lhe: Havemos achado aquele de quem Moisés escreveu na lei, e os profetas: Jesus de Nazaré, filho de José.[192]

Natanael zombou da pequena cidade insignificante de Nazaré. "Poderia alguma coisa boa vir de lá?" Natanael perguntou. A resposta brilhante e cheia de fé de Filipe atraiu Natanael: "Venha e veja."

Quando Jesus viu Natanael, ele elogiou o homem por sua honestidade. Quando Natanael perguntou como Jesus o conhecia, Jesus respondeu que havia visto Natanael debaixo da figueira antes de Filipe chamá-lo.

Nada mais é dito sobre onde Natanael estava ou o que ele estava fazendo debaixo da figueira. Talvez tenha sido um período de oração ou estudo das Escrituras. Seja o que fosse, o fato de que Jesus sabia foi o suficiente para Natanael acreditar que Jesus vinha de Deus e era o rei de Israel. Esses termos eram termos do Antigo Testamento referentes ao Messias.

Natanael talvez tenha entendido melhor do que qualquer um quem Jesus era desde o começo.

Natanael respondeu, e disse-lhe: Rabi, tu és o Filho de Deus; tu és o Rei de Israel.[193]

---

[192] Jo 1:45

[193] Jo 1:49

Os Quatro Amigos do Paralítico - Heróis da Fé de Atitude

Marcos 2:1-11, Lucas 5:18-26

Quando Jesus começou seu ministério publicamente, ele atraiu uma multidão. Aqueles que queriam estar perto dele muitas vezes tinham que clamar por através das massas da humanidade. Em Cafarnaum, Jesus entrou em uma casa e começou a ensinar. Quatro homens trouxeram um homem paralisado deitado em uma esteira, mas não havia maneira de levá-lo através da porta.

Com uma firme determinação, eles foram para o telhado e começaram a cavar um buraco. As casas na Palestina nessa época geralmente tinham um telhado plano feito de barro ou lama. Lucas registra que os homens removeram "telhas" no telhado, o que significa que a escavação pode ter envolvido a remoção de pesados tijolos de barro do telhado.

Imagine a bagunça e a distração que eles devem ter criado, mas eles acreditavam que Jesus poderia curar seu amigo, e assim eles trabalharam diligentemente. Quando eles terminaram de fazer o buraco, eles baixaram o homem paralisado em seu colchonete através do buraco na frente de Jesus.

E, vendo ele a fé deles, disse-lhe: Homem, os teus pecados te são perdoados.[194]

Jesus estava no seu caminho determinado e na missão; Seu propósito era perdoar pecados. Nesta situação, foi a fé de seus amigos que garantiu seu perdão. A fé deles foi uma fé com atitude. Jesus moveu o céu, e esses rapazes moveram a terra para que este homem pudesse ser curado e perdoado.

Os fariseus na sala ficaram chocados com as supostas palavras de blasfêmia de Jesus. Quem pode perdoar pecados, senão só Deus? Jesus conhecia seus pensamentos e os deu ainda mais para pensar. Jesus fez uma pergunta simples: "O que é mais fácil

---

[194] Lc 5:20

de dizer? "Estão perdoados os teus pecados ou levanta-te, e anda?"

Para provar que Jesus tinha autoridade para perdoar pecados, ele curou o homem. Cinco amigos foram para casa naquele dia pulando de alegria.

Imediatamente ele se levantou na frente deles, pegou a maca em que estivera deitado e foi para casa louvando a Deus. Todos ficaram atônitos e glorificavam a Deus, e, cheios de temor, diziam: "Hoje vimos coisas extraordinárias!"[195]

---

[195] Lc 5:25-26

A Mulher Samaritana - Uma Heroína da Fé

João 4:1-42

Ao lermos as histórias da interação de Jesus com as pessoas nos Quatro Evangelhos, há muitos exemplos de pessoas que eram bastante falhas, mas confiavam em Jesus. Embora suas ações possam não ter sido dignas de serem notadas, sua fé foi vista por Jesus e pelos outros.

As viagens de Jesus o levaram através de Samaria, uma terra desprezada pelos judeus. Os samaritanos eram os "mestiços"; descendentes, não puros, dos patriarcas, e apenas o que havia restado do antigo Reino do Norte (Israel).

Jesus sentou-se junto ao poço de água de Jacó e pediu uma mulher samaritana algo para beber. Ela ficou chocada com o pedido. Os homens não conversavam com as mulheres em público e os judeus não conversavam com os samaritanos, mas Jesus tinha uma maneira de perturbar os modos convencionais. Jesus explicou a ela que Ele era a água viva, uma fonte de vida eterna jorrando água.

Ela deve ter ficado com um olhar muito intrigado em seu rosto enquanto tentava perguntar a esse estranho homem judeu como conseguir água "corrente". Ela estava cansada do trabalho de ir ao poço todos os dias. Na maneira típica de Jesus, Ele não respondeu a sua pergunta, mas lidou com questões mais prementes. Quando Jesus lhe disse para trazer seu marido, ela deu uma resposta tecnicamente precisa: *"Não tenho marido."*

Disse-lhe Jesus: "Você falou corretamente, dizendo que não tem marido. O fato é que você já teve cinco; e o homem com quem agora vive não é seu marido. O que você acabou de dizer é verdade".[196]

---

[196] Jo 4:17-18

A cor deve ter deixado o rosto dela enquanto experimentava o confronto com o pecado. Ela mudou de assunto, mas Jesus não a deixou fugir. Ele a trouxe de volta para a verdade mais importante: Eu sou o Messias, eu vim para lidar com o pecado.

Deixou o jarro junto ao poço e apressou-se para contar às pessoas da cidade sobre Jesus. Sua fé simples e recém-descoberta levou outros a Jesus.

Deixou, pois, a mulher o seu cântaro, e foi à cidade, e disse àqueles homens: Vinde, vede um homem que me disse tudo quanto tenho feito. Porventura não é este o Cristo? Saíram, pois, da cidade, e foram ter com ele.[197] E muitos dos samaritanos daquela cidade creram nele, pela palavra da mulher, que testificou: Disse-me tudo quanto tenho feito.[198]

---

[197] Jo 4:28-30

[198] Jo 4:39

O Homem Coxo no Tanque de Betesda - Um Herói da Fé

João 5:1-15

Jesus ministrou durante um tempo de grande confusão espiritual e superstição. Os judeus acreditavam que certos lugares tinham poderes de cura, então pessoas doentes e aleijadas eram deixadas lá por suas famílias. Um desses lugares era o Tanque de Betesda.

As pessoas acreditavam que a primeira pessoa que fosse à piscina depois que um anjo agitasse a água seria curada, então a corrida começava quando a água se movia. Jesus foi até lá e encontrou um homem coxo à beira da piscina no dia de sábado. Jesus perguntou a ele "Queres ficar são?"[199] O inválido aceitou isso como uma oferta de ajuda para entrar na água primeiro, mas Jesus ordenou que ele se levantasse e levasse sua esteira com ele.

Os judeus dessa época tinham listas de regras sobre o sábado. Nos Dez Mandamentos, Deus ordenou os Israelitas a *"Lembrar-se do dia do sábado, para o santificar."*[200] Para honrar o dia de descanso de Deus como o sétimo dia da criação, o sétimo dia da semana deveria ser um dia de descanso e adoração. Mas os judeus dos dias de Jesus fizeram uma lista de regras impiedosas sobre o sábado. Uma dessas regras era não carregar coisas.

Jesus fez esse milagre como um sinal para os judeus de que Ele era o Senhor e Criador do sábado. Jesus ordenou ao homem que fizesse a mesma coisa proibida pela lista de regras feita pelos homens. Com fé, o coxo obedeceu a Jesus, carregando o seu leito.

---

[199] Jo 5:6

[200] Ex 20:8

143

Isso causou-lhe problemas, pois os líderes judeus repreendiam-no por trabalhar no sábado. Ele respondeu-lhes: *"Aquele que me curou, ele próprio disse: Toma o teu leito, e anda. "[201]* Ele não sabia quem Jesus era ou para onde Jesus havia ido, mas esse humilde herói da fé confiou no Homem que o curou.

Posteriormente Jesus o encontrou no templo e disse para ele, "Eis que já estás são; não peques mais, para que não te suceda alguma coisa pior. E aquele homem foi, e anunciou aos judeus que Jesus era o que o curara.[202]

---

[201] Jo 5:11

[202] Jo 5:14-15

O Centurião - Um Herói da Fé

Mateus 8:5, Lucas 7:1-10

A fé é uma questão de confiança. A fé não é medida pela quantidade, mas por seu objeto. Um pequeno grupo de pessoas surpreendeu Jesus, não por suas ações ou inteligência, mas por sua simples confiança na palavra de Jesus.

Um centurião chegou a Cafarnaum para encontrar Jesus. Seu servo estava doente e quase morto, então o centurião enviou alguns anciãos judeus para apresentar sua causa a Jesus. Este centurião era um soldado romano encarregado de 100 homens, que era amigável com os judeus. Os romanos dominavam a Palestina com punho de ferro, então um oficial graduado com tal favorecimento aos judeus era raro.

O centurião tinha ouvido falar de Jesus e confiava que Jesus não era apenas um bom homem, mas também um homem compassivo e gracioso com o poder para curar. Jesus concordou em ir com os mensageiros de volta até o Centurião. Ao longo do caminho, o oficial romano enviou outros mensageiros a Jesus com uma humilde palavra de fé:

"Senhor, não te incomodes, pois não mereço receber-te debaixo do meu teto. Por isso, nem me considerei digno de ir ao teu encontro. Mas dize uma palavra, e o meu servo será curado."[203]

O soldado entendia o que era autoridade. Ele obedecia a ordens e dava ordens. Como oficial comandante de homens, ele esperava que suas ordens fossem obedecidas e vivia de acordo com esse princípio. Para este militar não judeu, Jesus era a autoridade sobre a doença. Se Jesus ordenasse, a doença obedeceria.

---

[203] Lc 7:6-7

Como o Criador do universo, Jesus era difícil de ser impressionado. Mas esse tipo de confiança pura impressionou o Senhor:

E, ouvindo isto Jesus, maravilhou-se dele, e voltando-se, disse à multidão que o seguia: Digo-vos que nem ainda em Israel tenho achado tanta fé. E, voltando para casa os que foram enviados, acharam são o servo enfermo.[204]

---

[204] Lc 7:9-10

A Mulher Pecaminosa - Uma Heroína da Fé

Mateus 26:6-13, Marcos 14:1-11, Lucas 7:36-59, João 12:1-11

Todos os quatro Evangelhos falam de uma mulher ungindo os pés de Jesus com perfume caro e enxugando os pés com os cabelos. O evangelho de João diz que essa mulher era Maria, irmã de Marta e Lázaro. Isso aconteceu quando Jesus estava jantando na casa de um fariseu chamado Simão.

Judas Iscariotes, o discípulo de Jesus que mais tarde o trairia, fez objeção ao desperdício de um bem tão valioso. Este perfume valia seis meses de salário. Judas era um ladrão egoísta que só pensava em uma oportunidade perdida. Outros na sala concordaram que Maria estava cometendo um desperdício, mas Jesus calou todos eles.

"Deixe-a em paz," disse Jesus. "Por que a estão perturbando? Ela praticou uma boa ação para comigo. Pois os pobres vocês sempre terão consigo, e poderão ajudá-los sempre que o desejarem. Mas a mim vocês nem sempre terão.... Derramou o perfume em meu corpo antecipadamente, preparando-o para o sepultamento.[205]

A ação ousada de Maria foi mais do que um desperdício para alguns na sala; foi flagrantemente escandaloso para o dono da casa. Simão era chamado Simão, o Leproso, mas ele certamente não tinha lepra, ou ele teria sido expulso da sociedade. Muito provavelmente, Jesus o curou da lepra. Ele pensou que Jesus deveria saber que tipo de mulher estava tocando-o; somente uma "mulher pecadora" seria tão ousada.

Jesus contou a Simão uma história: dois homens tiveram suas dívidas perdoadas; a dívida de um homem era pequena e a outra grande. Então Jesus fez a Simão uma pergunta investigativa: *"Qual deles o amará mais?"*[206] Talvez Simão tenha entendido o

---

[205] Mc 14:6-8

argumento de Jesus ao dar a óbvia resposta. As ações questionáveis de Maria foram motivadas por seu grande amor e fé em Jesus, que havia perdoado seus muitos pecados.

Jesus disse à mulher: "Sua fé a salvou; vá em paz".[207]

---

[206] Lc 7:42

[207] Lc 07:50

Jairo - Um Herói da Fé

Mateus 9:18-26, Marcos 5:21-43, Lucas 8:40-56

O ministério de Jesus na região da Galileia reuniu grandes multidões de fiéis e curiosos. Aqueles que estavam desesperados por ajuda muitas vezes tomavam providências desesperadas. Jairo era um líder da sinagoga judaica que veio com uma fé ousada, pedindo a Jesus para curar sua filha de 12 anos.

A garota estava passando pela porta da morte. O evangelho de Mateus registra que Jairo disse: "Minha filha acabou de morrer".[208] Marcos e Lucas registram mais da história e relatam que Jairo ouviu que sua filha já havia morrido antes de voltar com Jesus.

Jairo era um líder: um pilar respeitado da comunidade. Ele sabia como fazer as coisas, e assim sua tarefa era levar Jesus até a sua filhinha. Mas ele falhou; a multidão interrompeu a jornada e a missão de Jairo desmoronou sob o peso da morte.

Os mensageiros deram a Jairo a notícia: já era tarde demais. Por mais heroica que a fé de Jairo fosse procurando salvar sua garotinha, ele não poderia imaginar o que Jesus faria em seguida. *Não fazendo caso do que eles disseram, Jesus disse ao dirigente da sinagoga: "Não tenha medo; tão-somente creia".*[209]

No momento mais baixo de Jairo, Jesus lembrou-lhe por que ele veio. A missão de fé de Jairo não havia falhado no final das contas. Jesus chegou ao quarto da morte, já cheio de choros de pessoas de luto, e as dispensou. Eles riram de Jesus, mas Ele ignorou suas zombarias e foi ao trabalho.

Depois de colocá-los todos para fora, ele levou o pai e a mãe da criança e os discípulos que estavam com ele, e entrou onde a

[208] Mt 9:18.

[209] Mc 5:36

criança estava. Ele pegou-a pela mão e disse-lhe: "Talitha koum!" (o que significa: "Menina, eu lhe ordeno, levante-se!".) Imediatamente a garota se levantou e começou a andar (ela tinha doze anos). Isso os deixou atônitos.[210]

---

[210] Mc 5:40-42

A Mulher com Fluxo de Sangue - Uma Heroína da Fé

Mateus 9:18-26, Marcos 5:21-43, Lucas 8:40-56

Os mesmos versos que registram a história de Jairo também registram que Jesus fez um "dois por um". Enquanto Jairo abria caminho pela multidão, abrindo caminho para o Senhor até a sua filha que estava morrendo, uma mulher doente e desesperada abriu sua própria trilha.

Ela esteve *sujeita a um sangramento por doze anos.*[211] Em outras palavras, ela tinha um fluxo constante de sangue menstrual. Na cultura dos dias de Jesus, essa mulher estava provavelmente marginalizada, considerada "impura" por toda a comunidade. O evangelho de Marcos registra que ela gastou tudo o que tinha em saúde, mas só piorou.

É possível que ela conseguiu passar pela multidão e chegar até Jesus devido a sua condição bastante desagradável. Todos teriam aberto um amplo caminho para ela passar. Seu objetivo centrado na fé era diferente do de Jairo. Jairo estava tentando levar Jesus até a cura. Esta mulher queria ir até Jesus, mesmo ele estando em movimento.

Embora a fé de Jairo fosse real e ativa, sua fé era ainda mais ativa, pois ela fez o impensável. A mulher impura estendeu a mão e tocou a borda da roupa de Jesus, acreditando que apenas um toque lhe forneceria a cura. Isso era impensável porque o toque do "impuro" transformaria a pessoa "pura" em "impura".

Jesus parou a procissão e perguntou: *"Quem tocou minhas roupas?"*[212] *É claro que Ele sabia, mas Ele estava gentilmente dando a ela a oportunidade de ser elogiada por sua fé.* Ela provavelmente pensou que estava em apuros. Uma mulher doente e impura simplesmente não tocava em homens em

[211] Lc 8:43

[212] Mc 5:30

público. Simplesmente não se fazia isso. A multidão ficou sem fôlego e ficou em silêncio quando ela se aproximou?

Mas ela não recebeu uma reprimenda. Ela recebeu graça e perdão: uma heroína de grande fé.

Então ele lhe disse: "Filha, a sua fé a curou! Vá em paz e fique livre do seu sofrimento".[213]

---

[213] Mc 5:34

O "Cachorrinho" Canaanita - Uma Heroína da Fé

Mateus 15:21-28, Marcos 7:24-30

Jesus intencionalmente não saiu dos lugares onde o povo judeu vivia, exceto por uma vez. Ele queria ficar sozinho e assim escapou das multidões da Judéia numa cidade gentia chamada Tiro.

Os judeus não se associavam com os gentios, considerando-os impuros e indignos de portarem-se com decência comum. Mas uma mulher gentia, mãe de uma menina possuída por um demônio, encontrou Jesus e defendeu sua causa diante dele. Jesus tentou três vezes mandá-la embora. Na primeira vez, ele apenas a ignorou.

Na segunda vez, Jesus disse a ela que Seu trabalho e missão eram apenas para as ovelhas perdidas de Israel. Depois da morte e ressurreição de Jesus, o evangelho se espalharia para o mundo inteiro, mas esse tempo ainda não havia chegado. Jesus tinha um foco singular: ele iria ministrar aos judeus e seria rejeitado como o Messias judeu.

Na terceira vez, Jesus a chamou de "cachorrinho". Para os judeus da antiguidade, cães não eram animais de estimação muito queridos para uma família. Eram animais impuros, selvagens, que não deviam ser tocados. O Senhor estava dizendo a ela que ela não fazia parte da família judaica na qual Ele estava focado. *Ele respondeu: "Não é certo tirar o pão dos filhos e lançá-lo aos cachorrinhos".[214]*

Esta mãe gentia desesperada acreditou em Jesus e se humilhou diante do Senhor. Ela aceitou a palavra de Jesus de que ela era um cachorrinho, mas como um cachorrinho, ela se contentaria com apenas as migalhas que caíam no chão.

Está humilde heroína da fé concordou com Jesus e respondeu

---

[214] Mt 15:26.

com a palavra do Senhor. Jesus lhe dissera não três vezes, mas sua fé conquistou o coração Dele.

Jesus respondeu: "Mulher, grande é a sua fé! Seja conforme você deseja". E naquele mesmo instante a sua filha foi curada.[215]

---

[215] Mt 15:28.

Pai do Menino Endemoniado - Um Herói da Fé

Mateus 17:14-18, Marcos 9:14-27, Lucas 9:37-43

Muitas das curas de Jesus eram histórias de pais que fariam qualquer coisa para ajudar seus filhos. A fé daqueles pais em Jesus trouxe cura e ressurreição para seus filhos, porque tempos desesperados exigem medidas desesperadas.

Um pai trouxe seu filho possuído por demônios até os discípulos, mas eles não conseguiram expulsar o demônio. Ele trouxe o menino para Jesus e disse ao Senhor que o demônio muitas vezes jogou o menino no fogo ou na água, a fim de matá-lo. O pai não sabia o que dizer a Jesus, vendo seu filho se contorcendo e convulsionando, então ele deixou escapar o desespero, "...se podes fazer alguma coisa, tem compaixão de nós e ajuda-nos"[216]

Mesmo no meio de uma situação tensa, Jesus estava sempre pronto para falar sobre a fé. *"Se podes? ", disse Jesus. "Tudo é possível àquele que crê."*[217] O pai trêmulo confessou a Jesus que sua fé tinha uma medida saudável de dúvida misturada. Imediatamente o pai do menino exclamou: "Creio, ajuda-me a vencer a minha incredulidade"[218]

Em sua confissão, a fé do pai foi fortalecida quando ele invocou o Senhor não apenas para curar seu filho, mas para solidificar sua frágil fé.

Este herói pode ter tido uma fé fraca, mas foi apontado na direção certa. Isso deixou sua fé tão forte quanto ela precisava ser. Aquele em quem o homem depositou sua confiança, ordenou ao espírito maligno:

~~*"Espírito mudo e surdo," ele*~~ *disse, "eu ordeno que o deixe e*

[216] Mc 9:22

[217] Mc 9:23

[218] Mc 9:24

155

nunca mais entre nele".[219]

---

[219] Mc 9:25

Bartimeu Cego - Um Herói da Fé

Mateus 20:29-34, Marcos 10:46-52, Lucas 18:35-43

Quando o ministério de Jesus o aproximou de Jerusalém e da cruz, grandes multidões eram um problema constante. Às vezes os heróis da fé precisavam incomodar para chamar a atenção de Jesus.

O Bartimeu cego era um mendigo em Jericó. Quando Jesus se aproximou da cidade, Bartimeu ouviu a multidão se mexer. Jesus de Nazaré estava prestes a passar por ele e ele gritou o mais alto possível: *Jesus, Filho de Davi, tem misericórdia de mim!"*[220] O cego apelou para o título messiânico de Jesus - o Filho de Davi. A David tinha sido prometido que ele teria um descendente eterno reinando em seu trono. Ao chamar Jesus de "Filho de Davi", ele chamou Jesus de o rei prometido.

Ansiosamente, esse herói da fé sabia o mais importante a ser pedido ao rei de Israel, ele pediu misericórdia. Jesus o chamou e fez uma pergunta: *"O que você quer que eu lhe faça?"*[221]

O cego viu o que poucos conseguiam ver; este homem era o prometido Filho de Davi, o Messias de Deus. Ele ousadamente disse ao Senhor: "Eu quero ver".

Jesus sempre foi movido por grande fé para fazer grandes coisas.

Vá", disse Jesus, "a sua fé o curou". Imediatamente ele recuperou a visão e seguia a Jesus pelo caminho.[222]

---

[220] Mc 10:47

[221] Mc 10:51

[222] Mc 10:52

Zaqueu - Um Herói da Fé

Lucas 19:1-12

Bartimeu não foi o único herói da fé desesperado para ver Jesus em Jericó. Zaqueu, um rico cobrador de impostos, também queria ver o Senhor. Coletores de impostos durante o tempo de Jesus eram desprezados, simpatizantes dos romanos que estavam autorizados a extrair tanto dinheiro de seus irmãos judeus quanto possível. Os impostos eram enviados para Roma e os coletores mantinham um lucro considerável.

Zaqueu era um homem de baixa estatura, e o melhor que ele pôde fazer para ver Jesus no meio da multidão foi escalar uma árvore próxima. Quando Jesus chegou à árvore, ele chamou Zaqueu pelo nome. *"Zaqueu, desça depressa. Quero ficar em sua casa hoje".*[223]

Zaqueu obedeceu e levou o Senhor para sua casa. A multidão fofocou sobre as atitudes de Jesus. Como podia Jesus comer com uma pessoa tão degenerada? Zaqueu tornou-se um herói de fé, no mesmo momento quando viu a presença de Jesus. Ele se arrependeu de seus erros e até prometeu devolver quatro vezes mais a quantia para aqueles que ele havia enganado.

Mais uma vez, a fé tinha trazido cura. Desta vez, não foi um corpo quebrado que foi curado, foi um espírito quebrado. Jesus elogiou Zaqueu por ter a fé do pai Abraão.

Jesus lhe disse: "Hoje houve salvação nesta casa! Porque este homem também é filho de Abraão. Pois o Filho do homem veio buscar e salvar o que estava perdido".[224]

---

[223] Lc 19:5

[224] Lc 19:9-10

O Cego de Nascença - Um Herói da Fé

João 9:1-41

Jesus realizou milagres para demonstrar Sua identidade. Só Deus tem o poder de criar vida com uma palavra e, assim, Jesus demonstrou essa autoridade. O Evangelho de João chamou os milagres de Jesus de "sinais". Para quem quisesse parar e ler os sinais, os sinais diziam: "Jesus é Deus".

Mas muitos não quiseram ler os sinais. Quando Jesus e seus discípulos atravessaram as ruas empoeiradas da Judéia, encontraram um homem cego desde o nascimento. Os discípulos perguntaram quem era culpado por sua cegueira: o homem ou seus pais? Disse Jesus: "Nem ele nem seus pais pecaram, mas isto aconteceu para que a obra de Deus se manifestasse na vida dele."[225]

Jesus cuspiu no chão e fez um pouco de lama. Ele colocou a lama nos olhos do cego e disse-lhe para ir lavar no tanque de Siloé. Deve ter sido uma luta para o cego ir até o tanque, mas sua fé o colocou em ação. Ele obedeceu a Jesus e assim viu a cor e a luz do mundo pela primeira vez.

O cego não poderia ter imaginado o problema que a cura lhe trouxe. Desde que a cura aconteceu no sábado, os fariseus investigaram a cura para descobrir quais crimes covardes tinham sido cometidos.

Os fariseus não acreditavam que ele tivesse nascido cego. Eles questionaram o pobre homem e até mesmo arrastaram seus pais para tais procedimentos. Seus pais tinham medo do poder legal os que os fariseus tinham, então concordaram que ele era filho deles e que ele nascera cego, mas não queriam mais envolvimento.

Então, sozinho diante do tribunal dos fariseus, o homem cego

---

[225] Jo 9:3

assumiu sua posição. Eles o insultaram e ameaçaram e o expulsaram. Este herói tinha mais sabedoria que os professores.

O homem respondeu: "Ora, isso é extraordinário! Vocês não sabem de onde ele vem, contudo ele me abriu os olhos. Sabemos que Deus não ouve a pecadores, mas ouve ao homem que o teme e pratica a sua vontade. "Ninguém jamais ouviu que os olhos de um cego de nascença tivessem sido abertos. Se esse homem não fosse de Deus, não poderia fazer coisa alguma".[226]

---

[226] Jo 9:30-33

Maria, Marta e Lázaro - Heróis da Fé

João 11:1-44

Os irmãos Maria, Marta e Lázaro eram queridos amigos de Jesus que viviam em Betânia, a poucos quilômetros de Jerusalém. Maria foi a mulher que derramou óleo sobre Jesus e enxugou os pés dele com os cabelos. Eles mandaram dizer a Jesus que Lázaro estava doente, mas Jesus não veio. Ele esperou mais dois dias.

Jesus sabia que voltar para a área de Jerusalém seria o começo do fim. O Senhor disse aos discípulos que Lázaro estava dormindo, sabendo que Lázaro havia morrido. Os discípulos não conseguiam entender por que Jesus iria querer chegar perto de Jerusalém, a base de poder dos líderes judeus. Eles temiam por Jesus e por suas próprias vidas. Quando começaram a viagem, talvez tenham trocado olhares nervosos quando Tomé disse: *"Vamos também para morrermos com ele".*[227]

Quando Jesus chegou a Betânia, as irmãs de luto tiveram reações diferentes. Marta veio a Jesus e Ele fortaleceu fé débil dela.

Disse-lhe Jesus: "Eu sou a ressurreição e a vida Aquele que crê em mim, ainda que morra, viverá; e quem vive e crê em mim, não morrerá eternamente. Você crê nisso?"[228]

Mesmo quando Martha respondeu à pergunta, Maria veio correndo para Jesus com mais perguntas do que fé. Maria, que havia derramado o perfume guardado para cadáveres aos pés de Jesus, ousou cobrar de Jesus por que não estava lá para Lázaro. As lágrimas de Maria mexeram com Jesus. Quando Ele estava diante do túmulo de Lázaro, Ele chorou pelo pecado e tristeza da humanidade. Isso fez as fofocas correrem soltas: ele não poderia

---

[227] Jo 11:16

[228] Jo 11:25-26

ter salvado seu amigo que tanto amava?

ter salvado seu amigo que tanto amava?

Só Jesus sabia que toda essa situação não era um fracasso, mas sim intencional. É claro que Jesus poderia ter curado Lázaro, mas ressuscitá-lo da morte após quatro dias demonstraria Sua Divindade ainda mais.

Depois de dizer isso, Jesus bradou em alta voz: "Lázaro, venha para fora! " O morto saiu, com as mãos e os pés envolvidos em faixas de linho, e o rosto envolto num pano.[229]

Este sinal impressionante seria o evento inicial que levaria os líderes judeus a ativamente tentarem matar Jesus. Lázaro se tornou mais do que um herói de fé para os judeus. Ele se tornou uma espécie de "estrela do roque" que todos queriam ver. Sua ressurreição lhe causaria muitos problemas, já que os líderes judeus também queriam matá-lo.

Enquanto isso, uma grande multidão de judeus, ao descobrir que Jesus estava ali, veio, não apenas por causa de Jesus, mas também para ver Lázaro, a quem ele ressuscitara dos mortos. Assim, os chefes dos sacerdotes fizeram planos para matar também Lázaro, pois por causa dele muitos estavam se afastando dos judeus e crendo em Jesus.[230]

---

[229] Jo 11:43-44

[230] Jo 12:9-11

A Viúva que Compartilhou - Uma Heroína da Fé

Marcos 12:41-44, Lucas 21:1-4

Quando Jesus entrou no estágio final de seu ministério, ele estava centrado em Jerusalém e no templo. Ele confrontou a falsa justiça dos líderes religiosos e os expôs como fraudes.

Jesus ensinou a seus discípulos a diferença entre a justiça própria e a justiça que é pela fé. Enquanto ele estava sentado no templo, observando as pessoas colocarem suas ofertas de dinheiro na caixa de coleta do templo, ele viu pessoas ricas colocarem grandes somas de dinheiro.

Mas Jesus ficou mais impressionado com a oferta de uma velha viúva. A menos que tivesse outros membros da família para apoiá-la, uma viúva era pobre e destituída na cultura judaica do primeiro século. Embora os figurões dessem grandes quantias, ela colocou duas pequenas moedas de cobre no tesouro.

Jesus não ficou impressionado com o tamanho das ofertas. Ele ficou impressionado com a fé da viúva. Sua fé era ativa; ela demonstrou que sua confiança estava somente em Deus.

Chamando a si os seus discípulos, Jesus declarou: "Afirmo-lhes que esta viúva pobre colocou na caixa de ofertas mais do que todos os outros. Todos deram do que lhes sobrava; mas ela, da sua pobreza, deu tudo o que possuía para viver".[231]

---

[231] Mc 12:43-44

O Ladrão Crucificado - Um Herói da Fé

Lucas 23:39-43

A execução de Jesus Cristo em uma cruz romana foi o evento mais importante que aconteceu na história da humanidade. Significava que o próprio Deus perdoaria os pecados, não por causa do que as pessoas fazem para ganhar o perdão, mas porque o próprio Deus fez todo o trabalho.

Quando Jesus morreu, Ele disse, "Está consumado!"[232] Ele queria dizer que a dívida do pecado que todas as pessoas seriam obrigadas a pagar havia sido quitada. Somente Jesus, o homem-Deus sem pecado, era justo o suficiente para pagar essa dívida para toda a humanidade. O custo foi o sofrimento indescritível de nosso Senhor.

Havia apenas alguns heróis presentes que não estavam pregados em cruzes naquele dia. Apenas o discípulo João permaneceu com o Senhor. A mãe de Jesus, Maria e algumas outras mulheres ficaram para assistir. Maria finalmente chegara ao momento profetizado, quando uma espada perfuraria sua alma.

Os líderes judeus ridicularizavam e zombavam enquanto os soldados romanos faziam seu trabalho; foi apenas mais um dia de trabalho executando criminosos comuns. A possessão terrena de Jesus foi disputada pelos soldados - Suas vestes. Não havia dignidade para quem era crucificado. Eles estavam nus e eram envergonhados na frente da multidão hipócrita.

Um herói da fé emergiu do sangue naquele dia. Ele foi o último que alguém esperaria chamar de heroico. Três cruzes foram erguidas naquele dia; uma para Jesus e duas para criminosos. O evangelho de Mateus os chama de "rebeldes". Cometeram crimes graves, provavelmente contra Roma. A crucificação carregava uma mensagem política: "Não brinque com Roma."

---

[232] Jo 19:30

Quando os três homens foram pregados às cruzes com pontas de ferro e içados para todos verem, todo o ódio e amargura do dia estavam apontados para Jesus. Um dos criminosos se juntou à multidão zombando e insultando Jesus. *Você não é o Cristo? Salve-se a si mesmo e a nós!"*[233]

O outro rebelde sabia algo que poucos entendiam naquele dia. Jesus estava morrendo em uma cruz não porque Ele era culpado, mas porque Ele era inocente.

Mas o outro criminoso o repreendeu, dizendo: "Você não teme a Deus, nem estando sob a mesma sentença? Nós estamos sendo punidos com justiça, porque estamos recebendo o que os nossos atos merecem. Mas este homem não cometeu nenhum mal".[234]

Esse malfeitor talvez não tenha feito nada heroico na vida, mas se tornou um herói da fé na morte. Ele recebeu o perdão dos pecados que Cristo ofereceu gratuitamente. Com fé ousada, o criminoso pediu por misericórdia imerecida.

Então ele disse: "Jesus, lembra-te de mim quando entrares no teu Reino". Jesus lhe respondeu: "Eu lhe garanto: Hoje você estará comigo no paraíso".[235]

---

[233] Lc 23:39

[234] Lc 23:40-41

[235] Lc 23:42-43

Maria Madalena - Uma Heroína da Fé

Mateus 28:1-10, Marcos 16:1-8, Lucas 24:1-12, João 20:1-18

Maria foi chamada de Madalena porque ela era da cidade galileia de Magdala. Maria era um nome muito comum e muitas vezes, identificadores como esses nomes eram usados. Maria foi uma das seguidoras de Jesus que apoiaram o Seu ministério. Jesus havia expulsado sete demônios dela,[236] e ela foi uma das mulheres que permaneceram aos pés da cruz.

Jesus foi crucificado na noite de sexta-feira e foi colocado às pressas em um túmulo antes do início do sábado. Os costumes do enterro do dia incluíam a unção do corpo com fragrâncias e especiarias, como a mirra que Jesus recebeu como um presente de bebê. Túmulos eram muitas vezes como pequenas cavernas com cobertura de rochas. Depois que o corpo estivesse decomposto, os ossos seriam colocados em uma pequena caixa e o túmulo seria usado para outro corpo.

Jesus foi colocado em um túmulo não utilizado, mas as restrições do dia de sábado significavam que os preparativos finais para o enterro não poderiam ser concluídos no sábado. No domingo de manhã, Maria Madalena e várias outras mulheres foram ao túmulo de Jesus com suas fragrâncias. Guardas haviam sido postados no túmulo para impedir que alguém roubasse o corpo de Jesus.

Mas quando elas chegaram, viram que a cobertura de pedra havia sido removida e os guardas tinham ido embora. Ao entrarem no sepulcro, viram anjos que lhes disseram que Jesus havia ressuscitado dos mortos.

Por que buscais o vivente entre os mortos? Ele não está aqui! Ressuscitou! Lembrem-se do que ele lhes disse, quando ainda estava com vocês na Galileia: 'É necessário que o Filho do <u>*homem seja entregue nas*</u> *mãos de homens pecadores, seja*

[236] Lc 8:2

166

crucificado e ressuscite no terceiro dia' ". "[237]

As mulheres correram para contar aos discípulos, mas os discípulos acharam que elas estavam delirando. Pedro e João correram para a tumba e a encontraram vazia, assim como as mulheres haviam dito. Maria Madalena deve tê-los seguido de volta ao túmulo, e ela permaneceu lá quando os confusos discípulos saíram.

Maria ouviu a voz de um homem perguntando por que ela estava chorando. Ela se virou, pensando que o jardineiro local havia chegado. Jesus, o Salvador Ressuscitado, dirigiu-se a ela pelo nome e ela logo percebeu a gloriosa verdade. Jesus havia derrotado o pecado na cruz e vencido a maldição do pecado, a própria morte, ressuscitando dos mortos.

Maria, a primeira testemunha ocular da ressurreição de Jesus e uma heroína da fé, voltou para dar as boas novas.

Maria Madalena foi e anunciou aos discípulos: "Eu vi o Senhor!" E contou o que ele lhe dissera.[238]

---

[237] Lc 24:5-7

[238] Jo 20:18

Lucas - Um Herói da Fé de Atitude

Atos 16:28-28:27, Colossenses 4:14, 2 Timóteo 4:11

A virada de página dos Evangelhos para o Livro de Atos representa um novo capítulo na história da Bíblia. Depois da morte e ressurreição de Jesus, a igreja do Novo Testamento começou, liderada pelo Espírito Santo e em grande conflito com as estruturas religiosas e políticas cotidianas.

O historiador mais importante que documentou esses eventos foi Lucas. O Apostolo Paulo o chamou de "Lucas, o médico amado."[239]

Embora nenhum livro do Novo Testamento declare que Lucas foi o autor, o testemunho esmagador da igreja primitiva concorda que o Doutor Lucas foi o autor do Evangelho de Lucas e do Livro de Atos. Como historiador, Lucas pesquisou fontes primárias para registrar com precisão a vida de Jesus de Nazaré.

Mas o doutor Lucas também fazia parte da história do livro de Atos. Começando em Atos 16, Lucas usa as palavras "nós" e "nós" muitas vezes, enquanto descreve as viagens nas quais viajou com o apóstolo Paulo. Lucas estava lá, presenciando um dos eventos mais dramáticos do Livro de Atos, a viagem quase desastrosa de Paulo a Roma, no mar através da tempestade e do naufrágio.

Lucas registrou belos detalhes históricos desta viagem em Atos 27-28: os portos específicos, a direção do vento, os nomes das ilhas, o número de dias no mar, a profundidade da água e o número de homens no navio. Após o naufrágio, Lucas chegou a detalhar a figura do novo navio. Lucas acompanhou Paulo durante todo o caminho até Roma.

Os relatos detalhados de Lucas mostram que o Novo Testamento

---

[239] Col 04:14.

foi uma história verdadeira escrita por testemunhas oculares. Lucas foi um dos mais importantes, mas menos conhecidos, heróis da Bíblia.

Muitos já se dedicaram a elaborar um relato dos fatos que se cumpriram entre nós, conforme nos foram transmitidos por aqueles que desde o início foram testemunhas oculares e servos da palavra. Eu mesmo investiguei tudo cuidadosamente, desde o começo, e decidi escrever-te um relato ordenado, ó excelentíssimo Teófilo, para que tenhas a certeza das coisas que te foram ensinadas.[240]

---

[240] Lc 1:1-4

Estevão - Um Herói da Fé de Atitude

Atos 6:-7

Quando a igreja primitiva cresceu e começou a abranger pessoas de diferentes culturas, eles precisavam de homens sábios e fiéis para supervisionar a distribuição de ajuda aos pobres. Eles procuraram por sete homens cheios de sabedoria. *Então escolheram Estêvão, homem cheio de fé e do Espírito Santo...*[241]

Estevão era um líder e um professor. Alguns dos líderes judeus se opunham contra ele, *mas não podiam resistir à sabedoria e ao Espírito com que ele falava.*[242]

Em desespero, os líderes da sinagoga judaica trouxeram falsas acusações contra Estêvão e o levaram perante o conselho judaico para julgamento por acusações de blasfêmia. Estevão fez um discurso detalhado sobre a propensão judaica de matar e maltratar os profetas e mensageiros de Deus. Estevão despertou o ninho de vespas com as últimas palavras de sua defesa:

Qual dos profetas os seus antepassados não perseguiram? Eles mataram aqueles que prediziam a vinda do Justo, de quem agora vocês se tornaram traidores e assassinos —[243]

Isso foi mais do que eles puderam suportar. Eles o agarraram e o levaram para ser apedrejado até a morte. Mas Estevão, cheio do Espírito Santo, levantou os olhos para o céu e viu a glória de Deus, e Jesus de pé, à direita de Deus, *e disse: "Vejo o céu aberto e o Filho do homem de pé, à direita de Deus".*[244]

Quando Estêvão morreu, ele viu O Herói, o Senhor Jesus, em pé

[241] At 6:5

[242] At 6:10.

[243] At 7:52.

[244] Ac 7:55-56

à direita de Deus. Toda vez que a Bíblia menciona Jesus à mão direita de Deus, Jesus está "sentado". O próprio Jesus se levantou para receber este herói no céu. Estêvão foi o primeiro mártir cristão, um herói até o fim.

Enquanto apedrejavam Estêvão, este orava: "Senhor Jesus, recebe o meu espírito". Então caiu de joelhos e bradou: "Senhor, não os consideres culpados deste pecado". E, dizendo isso, adormeceu.[245]

---

[245] Ac 7:59-60

Filipe - Um Herói da Fé de Atitude

Atos 8:4-40

Filipe foi um dos sete homens escolhidos para distribuir comida junto com Estevão. Como Estêvão, ele também estava cheio do Espírito Santo, ensinando as boas novas de Jesus com sinais e milagres. Quando Estêvão foi morto, uma onda intensa de perseguição forçou muitos cristãos a sair de Jerusalém.

O Senhor havia dito aos Apóstolos antes de Sua ascensão que eles seriam testemunhas do Senhor *"tanto em Jerusalém como em toda a Judéia e Samaria, e até aos confins da terra."*[246] Depois que os cristãos agitaram tudo em Jerusalém e na Judéia, chegou a hora de o evangelho se espalhar por Samaria.

Filipe foi para Samaria e *"lhes pregava a Cristo."*[247] Ele até chamou a atenção de Simão, o feiticeiro, que se tornou cristão, mas queria comprar o poder de Deus do apóstolo Pedro, que havia chegado a Samaria. Quando os apóstolos testemunharam o derramamento do Espírito Santo, mesmo nos samaritanos, eles perceberam que o evangelho de Jesus deveria ir muito além do povo judeu.

Um anjo disse a Filipe que viajasse para o sul de Samaria, passando por Jerusalém. Lá ele encontrou um oficial do norte da África, um etíope em uma carruagem lendo Isaías 53. Filipe aproximou-se da carruagem em obediência ao mandamento do Senhor e perguntou ao oficial se ele entendia o que estava lendo.

O oficial não entendeu, mas ele queria entender. *Então Filipe, abrindo a sua boca, e começando nesta Escritura, lhe anunciou a Jesus.*[248]

---

[246] At 1:8

[247] At 8:5

[248] At 8:35.

Quando chegaram até algumas águas ao longo da estrada, pararam a carruagem e Filipe batizou o etíope.

E, quando saíram da água, o Espírito do Senhor arrebatou a Filipe, e não o viu mais o eunuco; e, jubiloso, continuou o seu caminho.[249]

---

[249] At 8:39.

Cornélio - Um Herói da Fé de Atitude

Atos 10:1-48

Quando a igreja do Novo Testamento começou, o povo judeu centrado em Jerusalém lutou com todas as mudanças que a morte e ressurreição de Jesus trouxeram. Os judeus sempre mantiveram uma distinção entre si e outros grupos étnicos. Judeus não eram sequer autorizados a comer com não-judeus (chamados gentios).

Então, quando o Evangelho se espalhou da Judéia até a Samaria e para os gentios, o Senhor teve que ensinar-lhes que o Evangelho estava disponível para todas as pessoas, não apenas para os judeus. O Senhor enviou um anjo, em uma visão, ao centurião romano chamado Cornélio. O anjo disse a Cornélio que mandasse chamar Pedro.

Deus estava fazendo duas coisas simultaneamente. Ele estava trazendo salvação a Cornélio e ensinando aos apóstolos que Jesus era mais do que apenas o Messias judeu - Ele era o Salvador do mundo. Ele cumpriu a promessa a Abraão de que seu descendente abençoaria todas as nações do mundo.

Então o Senhor também enviou uma visão a Pedro, de um lençol descido do céu com todos os tipos de animais nele. Então uma voz lhe disse: *"Levante-se, Pedro; mate e coma"*.[250] Isso aconteceu três vezes, mas Pedro não fazia ideia do que isso significava. Naquele momento, os servos de Cornélio chegaram, e o Espírito revelou a Pedro que ele deveria ir com eles.

Este foi um momento significativo para Pedro, quando ele chegou a uma casa gentia com comida e costumes gentios, e então ele entendeu o que a visão significava. *Então Pedro começou a falar: "Agora percebo verdadeiramente que Deus não trata as pessoas com parcialidade, mas de todas as nações aceita todo aquele que o teme e faz o que é justo."*[251]

[250] At 10:13.

Pedro lhes contou as boas novas de Jesus Cristo e toda a casa foi batizada. O herói Cornélio ajudou até mesmo os apóstolos a aprenderem toda a extensão da graça de Deus.

E os fiéis que eram da circuncisão, todos quantos tinham vindo com Pedro, maravilharam-se de que o dom do Espírito Santo se derramasse também sobre os gentios.[252]

---

[251] Ac 10:34-35

[252] At 10:45.

Paulo - Um Herói da Fé de Atitude

Atos 8-28, Romanos - Filemon

O apóstolo Paulo foi o maior missionário, pregador e erudito da era do Novo Testamento. A maior parte do livro de Atos foi sobre Paulo, e ele escreveu a maioria das cartas do Novo Testamento. Depois dos primeiros cinco livros históricos do Novo Testamento, os próximos 21 livros são cartas. Paulo escreveu 13 deles e as cartas que Paulo não escreveu são curtas em comparação às dele.

Paulo era um rabino judeu treinado, um erudito do Antigo Testamento na tradição dos fariseus. Antes de sua conversão ao cristianismo, seu nome era Saulo. O primeiro verso bíblico que menciona seu nome segue imediatamente após a morte de Estêvão: *"E também Saulo consentiu na morte dele."*[253]

O segundo verso com o nome de Saulo era sobre sua tentativa de erradicar os cristãos em Jerusalém.[254] Ele foi de casa em casa em um frenesi de "limpeza" religiosa, jogando os membros da igreja na prisão. A caminho de aprisionar os cristãos em Damasco, o próprio Senhor apareceu a Saulo. Saulo ficou cego até que Ananias o batizou.

Saulo imediatamente começou a pregar que Jesus era o Filho de Deus. A mesma liderança judaica com quem ele trabalhava procurava agora matar Saulo. Com a nova amizade de Barnabé, Saulo foi levado à comunhão com os apóstolos e se tornou o primeiro cristão enviado para levar o evangelho ao mundo gentio.

Como o escritor de 13 cartas do Novo Testamento, ele explicou o significado da morte e ressurreição de Jesus para os judeus e gentios. Mesmo antes de sua morte, outros escritores do Novo Testamento compararam os escritos de Paulo às Sagradas

---

[253] At 8:1

[254] At 8:3

Escrituras do Antigo Testamento.[255]

Paulo sofreu muito por sua fé cristã. Os judeus açoitaram-no cinco vezes, espancaram-no com varas três vezes e o apedrejaram quase até a morte.[256] Ele morreu a morte de um mártir, morto por Nero em Roma. Antes de sua morte, ele escreveu para Timóteo:

Eu já estou sendo derramado como uma oferta de bebida. Está próximo o tempo da minha partida. Combati o bom combate, terminei a corrida, guardei a fé.[257]

---

[255] 2 Pe 3:15-16

[256] 2 Co 11:24-25

[257] 2 Tm 4:6-8

Ananias - Um Herói da Fé de Atitude

Atos 9:10-19

Ananias foi um herói pouco conhecido que desempenhou um papel importante na conversão de Saulo. Assim como o Senhor cegou Saulo no caminho para Damasco, Ele também veio a um cristão em Damasco chamado Ananias. Ananias sabia do programa de perseguição de Saulo e estava fazendo o melhor que podia para evitá-lo.

Então o Senhor disse a Ananias que colocasse as mãos sobre Saulo e orasse pelo cego. Ananias queria ter certeza de que ele entendesse. Ele ouvira os relatos; Saulo tinha vindo com a autoridade do conselho judaico. Ananias não estava ansioso para se apresentar ao perseguidor chefe.

 A resposta de Jesus mostrou como Saulo era importante para a disseminação do evangelho e um presságio das dificuldades que ele enfrentaria: *Vá! Este homem é meu instrumento escolhido para levar o meu nome perante os gentios e seus reis, e perante o povo de Israel. Mostrarei a ele o quanto deve sofrer pelo meu nome".*[258]

Ananias foi um discípulo fiel que obedeceu à ordem do Senhor. Jesus nunca explicou tudo àqueles a quem Ele chamou. Ele os chamava à obediência por confiança de que o Senhor estava firmemente no controle.

Em vez de encontrar um tirano furioso, Ananias encontrou um Saulo humilde e cego, orando pela misericórdia de Deus. A fé de Ananias levou-o a chamar Saulo de "irmão", não de inimigo.

Colocando suas mãos sobre Saulo, ele disse, "Irmão Saulo, o Senhor Jesus, que lhe apareceu no caminho por onde você vinha, enviou-me para que você volte a ver e seja cheio do Espírito Santo".[259]

---

[258] Ac 9:15-16

---

259 At 9:17.

Barnabé - Um Herói da Fé de Atitude

Atos 4:-15

Um dos primeiros líderes da igreja primitiva (além dos apóstolos) foi um homem chamado José, mas os apóstolos lhe deram um apelido. Eles o chamavam de Barnabé, que significava "filho do encorajamento". Ele era conhecido por sua fé e sua natureza generosa e altruísta.

Como João Batista, que magnificou o ministério de Jesus, e Jônatas, que magnificaram o rei Davi, Barnabé foi o encorajador que ampliou o ministério de Paulo. Paulo (cujo nome era Saulo) havia sido um fervoroso perseguidor dos cristãos e havia até supervisionado a morte de Estêvão.

Depois de sua dramática conversão, Saulo tentou reunir-se com os apóstolos em Jerusalém, mas eles estavam com medo dele. Eles estavam preocupados que Saulo poderia estar fingindo sua conversão cristã para ter acesso. Foi o herói não celebrado, Barnabé, que bravamente fez o contato para Saulo.

Então Barnabé, tomando-o consigo, o trouxe aos apóstolos, e lhes contou como no caminho ele vira ao Senhor e lhe falara, e como em Damasco falara ousadamente no nome de Jesus.[260]

Barnabé começou como o líder da dupla. Quando Saulo ainda era chamado de "Saulo", toda vez eram mencionados juntos, eles eram chamados de "Barnabé e Saulo". Mas quando o nome de Saulo mudou para Paulo, eles passaram a ser chamados de "Paulo e Barnabé". O humilde herói, o filho do encorajamento, ajudou a estabelecer Paulo como líder.

Paulo e Barnabé viajaram juntos, iniciando igrejas e pregando o evangelho. Como faziam milagres nas cidades gregas, os gregos pensavam que eram deuses em forma humana. No caos que se seguiu, Paulo foi quase apedrejado até a morte, mas Barnabé

---

[260] Ac 9:26-27

ficou do lado dele.[261]

A parceria entre Paulo e Barnabé terminaria mais tarde porque Barnabé, o filho do encorajamento, queria dar a João Marcos outra chance. O jovem abandonou-os e Paulo achou imprudente levá-lo em sua jornada missionária.

Eles se separaram por causa do assunto, e Barnabé levou João Marcos com ele para pregar o evangelho.

Então Barnabé foi a Tarso procurar Saulo e, quando o encontrou, levou-o para Antioquia. Assim, durante um ano inteiro Barnabé e Saulo se reuniram com a igreja e ensinaram a muitos. Em Antioquia, os discípulos foram pela primeira vez chamados cristãos.[262]

---

[261] At 14:20.

[262] Ac 11:25-26

de Todd Cotton

O Carcereiro Filipense - Um Herói da Fé

Atos 16:16-34

É dito que o apóstolo Paulo causou um reavivamento ou tumulto em todos os lugares onde ele foi. Ele perturbou os judeus alegando que Jesus seria o verdadeiro Deus. Ele perturbou os gentios ao pregar que Jesus era o único Deus verdadeiro. Quando Paulo e seu companheiro Silas viajaram para a cidade grega de Filipos, uma garota escrava possuída por demônios, gritando que aqueles homens eram servos do Deus Altíssimo, os seguiu.

Paulo ordenou que o espírito maligno deixasse a menina, o que causou um problema financeiro para os donos dela. Eles não podiam mais promover o show de aberrações deles e cobrar dinheiro por isso, então acusaram Paulo e Silas de violarem os costumes gregos. Os missionários foram severamente espancados e jogados na prisão.

O guarda encarregado da cadeia foi ordenado a garantir que eles não escapassem sob ameaça de morte. Ele seguramente os prendeu em troncos, mas o Senhor causou um terremoto para arrebentar as portas da prisão e todas as correntes dos prisioneiros também. O carcereiro, argumentando que os prisioneiros haviam fugido, desembainhou a espada para se matar, mas Paulo assegurou-lhe que eles não tinham ido a lugar nenhum.

O carcereiro percebeu que estava na presença de algo muito maior e muito mais justo do que ele, e assim pediu ajuda a esses homens fiéis: *"Senhores, que devo fazer para ser salvo? "Eles responderam: "Creia no Senhor Jesus, e serão salvos, você e os de sua casa".*[263]

---

[263] Ac 16:30-31

Talvez o carcereiro nem soubesse o que ser salvo significava. Talvez ele estivesse pensando em ser salvo da dura pena pela fuga, mas Paulo respondeu à pergunta mais importante. A verdadeira salvação é encontrada somente na confiança no Senhor Jesus Cristo.

Durante a noite, o carcereiro, um recém-descoberto herói da fé, tornou-se uma pessoa diferente. Na noite anterior, ele havia prendido Paulo e Silas em troncos. Na manhã seguinte, ele os alimentou e cuidou deles.

Então os levou para a sua casa, serviu-lhes uma refeição e com todos os de sua casa alegrou-se muito por haver crido em Deus.[264]

---

[264] At 16:34.

Os Bereanos - Heróis da Fé

Atos 17:10-15

Em suas viagens missionárias, Paulo sempre começava na sinagoga judaica quando se dirigia a um novo lugar. Os judeus sabiam sobre o Messias prometido, e os judeus eram o foco do ministério de Jesus. Porque eles eram de coração duro contra a palavra de Deus, a maioria dos judeus rejeitou o ensinamento de Paulo e o expulsou ou espancou, e muitas vezes, fizeram ambos.

Mas um lugar ao qual Paulo foi, foi diferente de qualquer outro. O povo judeu em Beréia era sábio e atencioso. Não era por que eles simplesmente aceitavam o ensinamento de Paulo sem discernimento; eles investigavam nas Escrituras de maneira consistente e diária. Eles testavam as palavras de Paulo contra as palavras de Deus.

Jesus disse que o Antigo Testamento era todo sobre Ele.[265] Assim, os judeus sábios e fiéis que pesquisavam as Escrituras não tinham nenhuma discussão com Paulo.

Sua diligente fidelidade para com a palavra de Deus se espalhou para outros ao redor de Beréia, e muitos depositaram sua confiança em Jesus. Esses antigos heróis da fé têm muito a nos ensinar hoje.

Os bereanos eram mais nobres do que os tessalonicenses, pois receberam a mensagem com grande interesse, examinando todos os dias as Escrituras, para ver se tudo era assim mesmo. E creram muitos dentre os judeus, bem como dentre os gregos, um bom número de mulheres de elevada posição e não poucos homens.[266]

---

[265] Lc 24:27

[266] Ac 17:11-12

Priscila e Áquila - Heróis da Fé de Atitude

Atos 18:1-28, Romanos 16:3, 1 Coríntios 16:19

Priscila e Áquila eram judeus de Roma, expulsos de Roma juntamente com outros judeus em 49 d.C. Paulo os encontrou em Corinto, onde permaneceu por pelo menos um ano. Ele trabalhou como fabricante de tendas com Priscila e Áquila. A sólida sabedoria cristã dessa equipe formada por marido e mulher demonstrava a influência e a orientação de Paulo.

Paulo viajou de Corinto para Éfeso, acompanhado por Priscila e Áquila. Depois de passar um breve período em Éfeso, Paulo deixou o casal para voltar a Jerusalém.

Enquanto eles estavam lá, um professor judeu chamado Apolo veio a Éfeso. Ele ensinava na sinagoga sobre Jesus, mas ele sabia apenas parte da história. Ele ensinava sobre o batismo de João, mas não sabia sobre o batismo cristão.

Priscila e Áquila foram sábios e gentis com Apolo e ajudaram-no a entender onde ele estava enganado. *Quando Priscila e Áquila o ouviram, convidaram-no para ir à sua casa e lhe explicaram com mais exatidão o caminho de Deus.*[267]

O casal fiel era dedicado a Igreja. Igrejas se reuniam em suas casas em Corinto[268] e também em Roma.[269] A igreja primitiva não teria se espalhado tão rapidamente sem a fidelidade de heróis não celebrados como Priscila e Áquila.

Saúdem Priscila e Áquila, meus colaboradores em Cristo Jesus. Arriscaram a vida por mim. Sou grato a eles; não apenas eu, mas todas as igrejas dos gentios. Saúdem também a igreja que se

---

[267] At 18:26.

[268] 1 Co 16:19

[269] Ro 16:3-5

reúne na casa deles[270]

---

[270] Ro 16:2-5

Sobrinho de Paulo - Um Herói de Atitude

Atos 23:12-22

Na sábia providência de Deus, as ações heroicas de muitas pessoas desconhecidas e sem nome deram andamento à História do Grande Herói. Depois da morte e ressurreição de Jesus, Jesus disse aos apóstolos que eles seriam testemunhas em Jerusalém, na Judéia, em Samaria e nos confins da terra.[271] Assim, o enredo do Doutor Lucas no Livro de Atos é o movimento do evangelho de Jerusalém para Roma, o centro cultural do mundo naquela época.

Quando Paulo chegou a Jerusalém depois de suas viagens missionárias, não demorou muito para que os problemas o seguissem. Judeus de algumas das cidades que ele visitou causaram problemas e prenderam Paulo. Paulo apareceu diante do conselho judaico e apresentou sua defesa, mas eles não quiseram ouvir. Os líderes judeus tentaram obter permissão dos romanos para que Paulo fosse executado, mas os governantes romanos mais exigentes queriam ouvir toda a história.

Paulo foi levado sob custódia protetiva até que o comandante romano pudesse resolver tudo, mas na manhã seguinte 40 judeus fizeram um juramento de que não comeriam nem beberiam até que matassem Paulo. Eles pediram ao conselho judaico que solicitasse ao comandante romano que Paulo fosse trazido para outra audiência. Os 40 conspiradores planejavam emboscar e matar Paulo no caminho.

O sobrinho de Paulo ouviu sobre a trama e assim correu para contar ao tio. Paulo o instruiu a dar a notícia ao capitão romano, e este bravo jovem herói falou com o comandante. Em vez de levar Paulo ao conselho, o comandante reuniu 470 tropas para levar Paulo com segurança até Cesaréia.

---

[271] At 1:8

Com uma ação ousada, esse jovem salvou a vida de Paulo e fez com que o evangelho fosse levado a Roma.

O comandante despediu o rapaz e recomendou-lhe: "Não diga a ninguém que você me contou isso".[272]

---

[272] At 23:22.

João Marcos - Um Herói da Fé de Atitude

Marcos 14:52, Atos 12:12-25, 15:37-39, Colossenses 4:10, 2 Timóteo 4:11, Filemon 24, 1 Pedro 5:13

A história de João Marcos é tecida em partes ao longo das páginas do Novo Testamento. É uma história de um fracassado e um desistente que se tornou um dos mais importantes heróis não celebrados do Novo Testamento.

João Marcos era primo de Barnabé,[273] um co-viajante de Paulo[274] e um "filho" espiritual do apóstolo Pedro.[275] Ele abandonou Paulo e Barnabé, o que causou o rompimento entre os dois, eles se separaram por causa do assunto concernente a dar a Marcos uma segunda chance. Paulo era contra, mas Barnabé, o "filho do encorajamento", queria levar seu primo com eles.

Na providência do Senhor, talvez tenha sido essa divisão que manteve Marcos mais perto de Pedro do que de Paulo. De acordo com o testemunho confiável dos historiadores da igreja primitiva, João Marcos foi o escritor do Evangelho de Marcos, que foi baseado na perspectiva do testemunho ocular de Pedro. O Evangelho de Marcos foi o relato escrito mais antigo, tanto que Mateus e Lucas dependem dele.

O próprio João Marcos pode até ter sido testemunha ocular. Uma declaração única, encontrada apenas no Evangelho de Marcos, colocou um jovem sem nome no Jardim do Getsêmani na noite em que Jesus foi preso: *Um jovem, vestindo apenas um lençol de linho, estava seguindo a Jesus. Quando tentaram prendê-lo, ele fugiu nu, deixando o lençol para trás.*[276]

---

[273] Col 4:10.

[274] At 12:25.

[275] 1 Pe 5:13-16

[276] Mc 14:51-52

Ele pode não ter sido heroico naquela noite, fugindo nu no escuro. Até mesmo Paulo o rotulou de desistente. Mas João Marcos se tornaria um herói como escritor do evangelho e um herói restaurado e fiel ao apóstolo Paulo mais tarde.

Enquanto Paulo definhava em uma prisão romana, pouco antes de sua execução, ele pediria a Timóteo que trouxesse Marcos.

Só Lucas está comigo. Traga Marcos com você, porque ele me é útil para o ministério.[277]

---

[277] 2 Tm 4:11

Timóteo - Um Herói da Fé de Atitude

1 Coríntios 4:17, Filipenses 2:19-22, 1 & 2 Timóteo

Timóteo é mencionado 25 vezes no Novo Testamento. Ele foi um dos ajudantes e discípulos mais confiáveis de Paulo. Ele foi um líder e um professor, pois ensinava à igreja em Éfeso. Seu pai era grego,[278] mas sua mãe judia, Eunice, e sua avó, Lois, haviam lhe ensinado as Escrituras desde seus primeiros dias.[279][280]

Timóteo viajou com Paulo em suas viagens missionárias à Ásia Menor. Ele se tornou um professor competente do evangelho e foi frequentemente enviado por Paulo em missões próprias. Timóteo era conhecido em quase todo lugar que Paulo foi, e ele é mencionado pelo nome em dez das 13 cartas de Paulo.

Sob a orientação de Paulo, ele aprendeu a ser um pastor sábio que sabia como lidar com os falsos mestres. Paulo escreveu as cartas de 1 e 2 Timóteo ao jovem pastor que ministrava em Éfeso.

Timóteo recebeu apenas elogios de Paulo, e Paulo instruiu as várias igrejas a receberem o jovem herói com honra. *Espero no Senhor Jesus enviar-lhes Timóteo brevemente, para que eu também me sinta animado quando receber notícias de vocês.*

Não tenho ninguém como ele, que tenha interesse sincero pelo bem-estar de vocês, pois todos buscam os seus próprios interesses e não os de Jesus Cristo. Mas vocês sabem que Timóteo foi aprovado, porque serviu comigo no trabalho do evangelho como um filho ao lado de seu pai.[281]

---

[278] At 16:1

[279] 2 Tm 1:5

[280] 2 Tm 3:15

[281] Fp 2:19-22

Tiago - Um Herói da Fé de Atitude

Marcos 6:3, Atos 15:13, 1 Coríntios 15:7, Gálatas 1:19-2:12, O Livro de Tiago

Há muitas pessoas na Bíblia com o mesmo nome e, às vezes, os personagens menos conhecidos são facilmente confundidos. Herodes decapitou o discípulo Tiago, filho de Zebedeu e irmão de João. Um outro Tiago, o irmão do Senhor,[282] tornou-se o líder da igreja em Jerusalém e escreveu a carta que leva seu nome.

Durante o ministério de Jesus, Seus irmãos não acreditavam Nele e pensavam que Ele estava mentalmente doente.[283] Na crucificação de Jesus, seu pedido ao discípulo João foi para cuidar de sua mãe Maria, provavelmente foi porque nenhum de seus irmãos estava lá. O que aconteceu para mudar Tiago de um incrédulo para um herói da fé e líder da igreja? Jesus apareceu pessoalmente a Tiago depois da ressurreição.

Depois disso apareceu a mais de quinhentos irmãos de uma só vez, a maioria dos quais ainda vive, embora alguns já tenham adormecido. Depois apareceu a Tiago e, então, a todos os apóstolos;[284]

Tiago foi testemunha ocular da ressurreição. Ele se tornou o líder indiscutível da igreja de Jerusalém como aquele que resolveu as questões dos judeus e dos gentios em Atos 15. Mais tarde, o próprio Paulo veio relatar a Tiago, que deu instruções diretas a Paulo as quais Paulo seguiu de bom grado.[285] Paulo escreveu na carta aos gálatas que foi Tiago, irmão do Senhor, que liderou a igreja em Jerusalém.

---

[282] Mc 6:3

[283] Mc 3:21

[284] 1 Co 15:3-7

[285] At 21:18.

A carta de Tiago às igrejas refletia sua fé heroica expressada em atitudes. Ele não se referia a si mesmo como irmão do Senhor, mas como servo do Senhor:

Tiago, servo de Deus, e do Senhor Jesus Cristo, às doze tribos que andam dispersas...[286]

---

[286] Tg 1:1

101 HERÓIS DA BÍBLIA

de Todd Cotton

Se você gostou deste livro, você pode aprender mais sobre a nossa crescente biblioteca de livros e produtos (ou até mesmo se juntar ao clube para ter acesso a descontos consideráveis!) no site:

http://www.101bookclub.com/

Por favor curta a gente no Facebook sob:

https://www.facebook.com/101BookClubTeam/

Se você tiver dúvidas ou ideias sobre novos livros ou produtos para a sua Biblioteca do 101 Book Club, entre em contato conosco por e-mail *info@101bookclub.com*!

Os melhores votos de felicidade para seus empreendimentos futuros!

Respeitosamente,

Todd Cotton

www.ingramcontent.com/pod-product-compliance
Lightning Source LLC
Chambersburg PA
CBHW062144280526
45788CB00001B/300